마음을 치료하러 설레임에 갑니다

헤세의서재

헤세의서재 블로그 https://blog.naver.com/sulguk

기업인, 의사, 컨설턴트, 강사, 프리랜서, 자영업자의 출판 기획안, 출판 아이디어, 원고를 보내주시면 잘 검토해드리겠습니다. 자기계발, 경제경영, 병원경영, 재테크, 대화법, 문학, 예술 등 다양한 분야의 책을 출판합니다.

마음을 치료하러 설레임에 갑니다

초판 1쇄 발행 2022년 4월 30일

지은이 양갑대, 강정하
펴낸이 고송석
발행처 헤세의서재
주소 서울시 서대문구 북가좌2동 328-1 502호(본사)
    서울시 마포구 양화로 64 서교제일빌딩 824호(기획편집부)
전화 (02)332-4141
이메일 sulguk@naver.com
등록 제2020- 000085호(2019년 4월 4일)
ISBN 979-11-967423-7-9(13320)

ⓒ 양갑대 · 강정하, 2022

이 책의 저작권은 저자와 도서출판 헤세의서재가 소유합니다.
신저작권에 의하여 한국 내에서 보호받는 저작물이므로 무단 전재와 무단 복제를 금합니다.
* 가격은 뒤표지에 있습니다.
* 잘못 만들어진 책은 구입처에서 바꾸어 드립니다.

> 이 도서의 국립중앙도서관 출판예정도서목록(CIP)은 서지정보유통지원시스템 홈페이지 (http://seoji.nl.go.kr)와 국가자료공동목록시스템(http://www.nl.go.kr/kolisnet)에서 이용하실 수 있습니다.

설레임피부과의 미션 추구 스토리

마음을 치료하러
설레임에 갑니다

강영희 지음

헤세의서재

CONTENTS

머리말 먼저, 환자의 마음을 케어하라 • 7

● **01. 설레는 초심**
마음을 치료하는 피부주치의 • 15
개원 전에 성공한 병원을 탐방하라 • 20
병원 이름에 미션을 담아라 • 25
미션 추구냐? 이윤 추구냐? • 31
성공을 좌우하는 입지 선정 • 36
아이도 피부과도 다 중요하다 • 41

● **02. 환자의 마음을 케어하라**
의료서비스는 고관여도 상품 • 49
원장은 인생 선배처럼 상담하라 • 55
컴플레인 환자는 잠재적인 단골고객 • 61
대기환자를 지루하게 만들지 말라 • 67
여드름 치료로 자존감 회복한 여고생 • 72
진심이 소개환자를 불러들인다 • 77

03. 직원은 미션 동반자

동반자 직원과 미션을 공유하라 • 85
존댓말로 직원 존중하기 • 90
올바른 직원 채용 원칙 6가지 • 95
직원 사기를 높이는 인센티브 • 100
직원 교육에 아낌없이 지원하라 • 106
서비스 마인드로 무장시켜라 • 111

04. 차별화된 마케팅과 시술개발

차별화된 전략으로 포지셔닝하라 • 119
마케팅 병목현상을 방지하라 • 125
새로운 시장을 창출하는 시술 개발 • 130
환자에게 마케팅의 답이 있다 • 136
핵심 타깃을 과감하게 좁혀라 • 142
강력한 서포터즈의 구전 전략 • 148

05. 좋은 피부과를 넘어 위대한 피부과로

블루밍셀 마스크팩의 중국 진출 • 157
아이의 아토피로 개발한 토닥 • 163
'心動'(심동) 메디컬뷰티 브랜드의 탄생 • 169
머지않아 이루어질 내 목표 • 175
동남아 의료관광을 위한 '닥터디' • 179
내 행복은 봉사와 헌신 • 184

06. 피부멘토 프로젝트 14

피부관리 습관을 알려주기 위해 • 193
1. 음식이 뷰티의 기본 • 198
2. 동안 피부를 만드는 운동 • 203
3. 피부를 건강하게 만드는 슈퍼뷰티주스 • 207
4. 화장품에 대한 오해와 진실 • 213
5. S라인을 살려주는 필라테스 • 218
6. 심리 안정을 돕는 컬러테라피 • 222
7. 다이어트에 효과적인 핫요가 • 228
8. 클렌징의 제1원칙은 과유불급 • 232
9. 똑똑한 샴푸 사용법 • 238
10. 세월을 거스르는 셀프 동안 마사지 • 246
11. 트러블 없이 예뻐지는 메이크업 • 250
12. 탈모 예방을 위한 헤어스타일링 • 254
13. 생활습관으로 관리하는 웨딩 뷰티 • 259
14. 여성 골퍼를 위한 골프 뷰티 • 265

머리말

먼저, 환자의 마음을 케어하라

2019년 총 1,046곳, 하루 평균 2.9곳의 병원이 문을 닫았습니다. 올해는 코로나의 여파로 더 많은 병원이 문을 닫을 위기에 처해있다고 합니다. 그럼에도 불구하고 전국 곳곳에서 의원이 개원하고 있습니다. 1046곳의 동네 의원이 폐업하는 동안 1,819곳의 의원이 새로 개업하여 전체 의료기관의 수가 증가했습니다. 이에 따라 환자 유치를 위한 병원 간의 경쟁은 갈수록 치열해지고 있습니다.

특히, 피부과는 환자들의 수요가 많은 특정 시술이 정해져 있고, 시술 방법 및 성분에 차별화를 두기 어려워 환자 유치 경쟁이 가장 치열한 진료과입니다. 그래서 치킨보다 저렴한 가격에 피부과 시술을 받을 수 있다며 공격적으로 가격을 인하하거나, 친구와 함께 시술을 받으면 혜택을 주는 프로모션을 쉽게 발견할 수 있습니다. 그 결과 '지구 최저가',

'우주 최저가', '대박할인' 등의 자극적인 카피가 피부과 마케팅에 등장하고 있습니다.

설레임피부과는 소신을 갖고 뚜벅뚜벅 발걸음을 해왔습니다. '피부주치의', '원장 직접상담', '10분~30분 상담', '환자의 마음케어', '피부멘토 프로젝트', '고객 감동'이 그것입니다. 여느 피부과에서는 좀처럼 찾아보기 힘든 카피입니다. 이는 '피부주치의로서 아름다움을 위한 피부케어는 물론 마음까지 케어한다'는 설레임피부과의 미션에 근거해 나온 것입니다. 이에 따라 설레임피부과는 환자중심적인 진료철학을 바탕으로 환자 한명 한명을 소중하게 모시고 있습니다. 이러한 설레임피부과 강정하 원장의 진료철학은 우리나라 피부과에서 유일하지 않을까 생각합니다.

강정하 원장은 피부주치의로서 환자의 미팅, 졸업식, 입사면접, 결혼식 등 인생의 소중한 순간순간을 곁에서 함께 하고 있습니다. 그러면서 환자에게 외적인 아름다움을 선사해주고 있는 것은 물론 마음까지 치료 해주고 있습니다. 이를 통해 환자의 소중한 순간을 가장 빛나게 해주고 있는 '설레임 스토리'를 구축하고 있습니다.

이런 점 때문에 설레임피부과는 공격적으로 프랜차이즈 확장을 하지 않으며, 또한 여러 명의 페이닥터를 두고 규모를 넓히지 않고 있습니다. 앞으로도 이는 결코 가능하지 않은 일이지 싶습니다. 강정하 원장의 진료철학을 따라할 의사가 과연 몇이나 될까요? 그리고 그것을 긴 시간 한결같이 이어갈 의사가 과연 몇이나 될까요? 찾아 보기 힘들 것입니다. 이런 이유 때문에 설레임피부과는 강남 본점에서 꿋꿋이 환자를 맞이하고 있습니다.

　마케팅 전문가로서 저는 10년 동안 곁에서 강정하 원장을 지켜봐왔습니다. 그러면서 강정하 원장은 우리가 흔히 접하는 의사와 다르다는 것을 매번 절감했습니다. '피부주치의로서 아름다움을 위한 피부 케어는 물론 마음까지 케어한다'는 미션을 가지고 있어서입니다. 확연히 강정하 원장은 다른 의사와 달리 아름다움과 함께 환자 마음을 치료하려는 사명감을 가지고 있었습니다. 이 때문에 설레임피부과는 수많은 피부과 사이에서 단연 돋보이는 피부과로 자리 잡을 수 있었습니다.

　설레임피부과가 일관되게 미션을 추구해온 결과 국제적으로 인정받게 되었습니다. 글로벌 기업들이 함께 하자는 제안을 해오고 있습니다. 아시아최대 보험기업인 중국의 평안그룹, 인도네시아의 시티그룹, 만수르의 알하일 그룹, 태국의 범룽랏병원 등이 대표적입니다. 현재, 이들 기업과 끈끈한 인연이 이어지고 있습니다.

　단순히 시술만을 권하면서 모든 피부 고민이 개선될 수 있다는 피부과의 홍보 문구를 종종 접할 수 있습니다. 경백히 이는 허구에 가깝습니다. 물론 몇 번의 시술로 극적인 피부 개선 효과를 경험하기도 합니다. 그러나 생활 습관을 비롯한 피부 고민의 근본을 해결하지 못한다면 같은 문제가 반복적으로 발생할 확률이 높습니다.

　이런 문제의식에서 설레임피부과에서 시작한 것이 '피부멘토 프로젝트'입니다. 이는 '예방차원에서 생활 속 습관 교정을 통해 건강하고 아름다운 피부를 가꾸자'는 모토로 많은 분들의 호응 속에 14회 진행되었습니다. 이러한 피부멘토 프로젝트는 유용한 정보가 되어 온라인 곳곳에서 많은 사람들과 인연을 맺게 되었습니다.

설레임피부과에서는 2~3주전 어렵게 예약을 해 내원해도 앞선 고객의 꼼꼼한 진료 때문에 오래 기다려야하는 일이 빈번합니다. 다른 병원에서 이런 일이 생기면 환자가 화가 나서 다시는 방문하지 않겠지요. 설레임피부과의 환자는 원장과 상담을 하고 나면 비로소 기다릴 수밖에 없는 이유를 알게 됩니다. 진심이 담긴 상담이 길어질 수밖에 없기 때문입니다. 그래서 처음 온 환자는 원장과 상담을 받고 나서야 대기 시간이 긴 이유를 깨닫게 됩니다. 실제로 한 환자는 이렇게 말했습니다.

"대기 시간 때문에 좀 화가 나도 강정하 원장과 진심어린 상담을 받고 나오면 저절로 마음이 치료돼요."

강정하 원장은 설레임피부과에 오는 모든 분들을 만족 시키는 일은 어렵겠지만 오는 분들 모두에게 진심으로 대하고 있습니다. 환자들은 강정하 원장의 진심을 눈치 채고 있기에 단골이 되어 주고 있으며, 기꺼이 지인들을 소개해주고 있습니다. 그래서 별 다른 홍보와 마케팅을 하지 않아도 꾸준히 환자들이 설레임피부과를 찾아오고 있습니다.

저는 강정하 원장의 곁에서 10년의 시간을 함께 했습니다. 그 긴 시간을 책으로 다 담을 수 없겠지만 아무쪼록 이 책을 통해서 정리되길 바랍니다. 참고로, 이 책은 강정하 원장의 '자전 스토리' 형식으로 서술이 되어 강정하 원장이 주인공으로 나옵니다. 따라서 독자들에게 강정하 원장의 이야기가 생생하게 와 닿을 것입니다.

저는 개인적으로 앞으로 계속 이어질 강정하 원장의 진심어린 노력과 행보를 또 기록할 수 있었으면 좋겠습니다. 세상에서 가장 좋은 마케팅의 핵심은 '진심'에 있다고 봅니다. 진심을 가져야 미션이 의미가 있고, 꾸준히 성장할 수 있습니다. 끝으로 누군가 내게 설레임피부과처럼 되려면 어떻게 하면 되냐고 묻는다면, 이것을 말하고 싶습니다.

'먼저, 환자의 마음을 케어하라.'

양갑대

01

설레는 초심

마음을 치료하는
피부주치의

"피부과의사가 마음까지 치료한다고요? 그게 말이 된다고 봅니까?"

내가 설레임피부과의 콘셉트를 설명할 때마다 주변에서 보인 의아한 반응이다. 피부과는 모름지기 피부의 외형을 건강하고 아름답게 시술을 하는 곳이다. 그런데 내가 단도직입적으로 환자의 마음을 치료한다고 했을 때 다들 잘 받아들이지 못했다. 십 수 년이라는 시간이 흐른 지금은 달라졌다. 환자들은 설레임피부과 하면 '원장님이 피부주치의로서 환자의 이야기를 듣고 공감하고 마음을 따뜻하게 어루만져주고, 친절하게 상담을 하는 곳'으로 알고 있다. 이제는 모든 환자들에게 설레임피부과 의사는 치료를 잘하는 병원을 넘어서 환자의 마음을 치료한다고 알려졌다.

원래 나는 의사가 아닌 영어강사로 사회에 첫발을 내디뎠다. 영문학을 전공했던 나는 고민없이 전공과 관련한 직업을 선택한 것이다. 평범한 직장인이던 나는 세상의 모든 여자들처럼 잘 꾸미고 치장하는 것에 관심이 많았다. 여성으로서 아름다움을 추구하는 데 그 어느 누구에게도 뒤처지지 않았다. 이때 피부에 특별한 관심을 가졌던 나는 소중한 날을 앞둘 때마다 피부 고민을 상담하고 싶었지만 주변 어디에도 가능한 피부과가 없었다.

이는 내 주위의 친구들도 비슷했다. 대부분 보다 더 아름다워지려는 욕망으로 피부과를 찾고 싶어 했다. 그러다 보니 친구들이 모여서 피부 이야기가 나오면, 피부과 이야기가 이어졌다. 잘 하는 피부과가 어디며, 그 피부과에서 어떤 시술을 하고, 비용은 얼마 정도이다 등 피부과에 대한 정보 교환을 했다.

이런 내게, 피부과의 문제점이 눈에 들어왔다.

'피부과 이름만 다를 뿐 천편일률적이야. 막상 찾아가면 필요한 시술만 할 뿐 환자와의 교감이 전혀 없어. 도대체가 환자 마음에는 아무런 관심도 없는 것 같아. 무슨 병원이 이렇게 딱딱하고 사무적일 수가 있지? 여성은 아름다워지려고 피부과를 찾아가는데 아름다움을 만들어주는 곳이 이래도 될까?'

이게 결정적인 내 인생의 터닝 포인트가 되었다. 이후, 나는 한동안 이런 생각을 품었다. 나는 아름다움에 대한 관심이 많아. 그런데 아름다움을 만들어주는 피부과 분위기가 너무 딱딱해. 그렇다면 내가 직접 기존 피부과와 달리 환자와의 훈훈한 교감이 넘치는 피부과를 만들면 어떨까? 그래, 내가 환자의 외형적인 치료에 국한하지 않고 환자의 마음까지 치료해주는 피부과를 세워보자. 아직 나는 나이도 창창한데 지금이라도 늦지 않았어.

나는 영어 강사를 미련 없이 그만두었다. '환자의 마음까지 치료해주는 피부과'라는 뚜렷한 피부과 콘셉트를 머릿속에 새겨둔 채로 뒤늦게 의대에 들어갔고 피부과를 개원했다.

설레임피부과는 '뷰티의 성지' 강남, 그것도 피부과 경쟁이 가장 치열한 강남역에 개원했다. 내가 강남역에 개원을 준비할 때 누군가는 말리기도 했다. 강남의 수많은 피부과의 화려한 모습 뒤에는 수도 없이 많이 피부과가 폐업을 하기 때문이다. 그곳에서 자리 잡기가 결코 쉽지 않다. 솔직히 강남을 벗어나 서울 거점 상권을 공략해볼까 하는 마음이 없지는 않았다. 그렇게 하면 적어도 강남보다는 치열한 경쟁을 하지 않아도 되고, 어느 정도 안정적인 병원 운영이 가능할 듯했다.

나는 뚜렷한 피부과의 콘셉트와 목적의식이 있었다. 그래서 나는 과감하게 강남을 선택했다. 그리 집안이 넉넉한 형편이 아니므로 많은 대출을 가지고 지금의 설레임피부과를 개원했다. 개원 후에 창문 밖으로 강남대로를 바라다보면 정말 그 이름만으로 위압감을 주는 피부과들이 즐비했다. 그 수많은 피부과들을 보면 정말 아찔했다. 환자들이 그 피부과들을 뒤로 하고 설레임피부과를 선택할 것인가? 몹시 걱정이 되었다.

그렇지만 뚜렷한 피부과의 콘셉트를 내세우면 반드시 환자들로부터 인정을 받을 것이라는 자신감이 있었다.

'환자의 마음까지 치료하는 피부과, 전국에서 하나밖에 없는 피부과를 만들자! 그것만이 강남에서 설레임피부과가 살아남을 유일한 방법이다.'

설레임피부과는 실제로 환자의 마음까지 치료하는 피부과가 되었다. 다른 피부과와 달리 설레임피부과는 환자와의 특별한 관계를 만들었다. 이를 위해 환자를 바라보는 관점을 확 바꾸었다. 피부과를 찾는 환자를 병들고 다쳐서 오는 환자가 아니라 삶에서 여러 가지 일로 마음에 상처를 받은 환자로 보았다. 그래서 환자들은 피부라는 외면뿐만 아니라 마음의 내면을 치료해야했다. 실제로 개원 후 내원하는 수많은 환자를 접하면서 더더욱 그런 생각이 굳혀졌다. 피부과 환자는 자신의 이야기를 경청하고 공감해주면서 따뜻하게 위로해주는 의사를 원했다. 피부 치료를 원하는 환자들은 오히려 피부 치료를 매개로 마음의 치료를 해주기를 바랐다.

그래서 나는 환자의 마음까지 치료해주는 피부주치의가 되기로 했다. 환자의 피부를 케어할 뿐만 아니라 환자의 마음을 케어해주는 피부주치의 말이다. 이렇게 되기 위해서는 간단히 시술 하나를 하는 것으로 끝나지 말아야했다. 단 몇 분의 진료로는 피부주치의가 될 수 없기 때문이다. 그래서 실제로 나는 한 명의 환자와 10분, 20분 심지어 30분 넘게 함께 사연을 듣고 공감하고 의견을 나누는 시간을 가졌다. 환자에게 바치는 적지 않는 시간 때문에 하루에 받을 수 있는 환자 수에 제약이 뒤따랐다. 그렇지만 나는 긴 호흡을 가지기로 했다. 당장 진료 받는 환자 수가 적어지더라도 내가 목표하는 '사람들을 아름답게 만들기 위해 마음까지 케어하는 피부주치의'가 된다면 장기적으로 꾸준히 환자가 유입될 것이라는 확신이 있었다.

개원 전에
성공한 병원을 탐방하라

식당 창업을 준비하는 사람은 잘되는 음식점을 둘러본다. 아무리 이론적으로 식당 창업을 탄탄하게 준비를 한다고 해도 완벽하지 않기 때문이다. 그래서 롤모델이 되는 식당 몇 곳을 손님으로 가장해서 방문하여, 성공 노하우를 습득하는 것이다. 가령, 돈까스집 창업을 준비하는 사장님이라면 잘되는 돈까스집을 직접 방문해보는 것이 필수적이다.

이를 통해, 돈까스 음식의 맛, 직원의 응대, 매장 인테리어와 간판, 고객층 등을 꼼꼼하게 체크한다. 이를 여러 곳에서 반복하고 나면 나름 든든한 기분이 든다. 식당 성공 확률이 더 높아지기에 비로소 나도 한번 해볼만 하다는 자신감이 든다. 실제로 식당 개업을 하고나면 허둥지둥대면서 시행착오를 할 일이 거의 없다. 착착 성공의 탄탄대로를 걸어갈 가능성이 매우 높다.

이는 모 방송 프로그램에서 소개한 유명한 맛집 사장님으로부터 접한 이야기다. 그 사장님은 전국에서 내로라하는 맛집 십여 곳을 견학하면서 꼼꼼히 개업 준비를 했다고 했다. 실제로 그 사장님 가게는 맛과 서비스 모두 좋아서 많은 고객들이 발길이 이어지고 있었다.

피부과도 이와 같다. 아무리 열심히 피부과 시술을 배운다하더라도 그것만으로도 개원 성공을 보장할 수 없다. 피부과도 하나의 사업체나 다름없다. 때문에 시술은 물론 상담, 직원 응대 서비스, 직원 관리, 마케팅 등을 하나하나 마스터해야한다. 이를 몇주 코스로 교육받거나, 혹은 책을 통해 지식으로 얻는 것에는 한계가 있다. 그래서 앞서 언급한 식당 사장님처럼 발품을 팔아서 다른 병원을 탐방해보는 게 좋다. 직접 눈으로 보면서, 경험을 하면 배우는 것이 엄청 많다.

나는 외국 여행을 할 때마다 병원을 많이 찾아다닌 편이다. 의과 대학생 때와 인턴 시절은 물론 병원 개업을 준비할 때 조금이라도 시간이 생겨 외국을 나가게 되면 유명 병원을 찾아가서 여러 가지 정보를 얻었다. 유럽, 싱가포르 그리고 태국병원이 그 대상이었다. 탐방했던 여러 병원 가운데 충격과 설렘이 컸던 곳은 태국병원이었다. 그중 의료관광으로 유명한 범룽랏병원을 잊을 수 없다. 시간이 흘러 이 병원은 신기하게도 설레임피부과가 참여한 태국의료관광앱 '닥터디'의 파트너로 인연을 맺게 되었다.

이 병원은 미국 시사주간지 뉴스위크가 선정한 세계 10대 글로벌 병원 중 맨 처음으로 소개된 동남아 최대 규모의 병원이다. 연간 외래환자는 100만 명. 그 가운데 40만 명가량은 세계 154개국에서 찾아오는 외국 환자들이다. 의료산업의 국제화를 지향하는 한국에서도 해마다 많은 관계자가 이 병원을 벤치마킹하기 위해 방문한다.

그런데 바로 이곳이 특급호텔의 시설과 서비스를 제공하는 것은 물론 해외 유학파 의료진의 최고 진료를 선보이고 있었다. 참고로 범룽랏 병원은 아시아 최초로 미국과 캐나다의 의료수준에 맞춰 국제공인의료품질 심사를 통과했고 국제병원평가위원회(JCI)의 공인을 받았다.

이 병원은 500여 병상을 갖추고 연간 100만 명이 넘는 외국인 환자를 치료하고 있었다. 병원 로비를 거닐다 보니, 환자들은 전 세계에서 모여들었음을 알 수 있었다. 백인에서부터 흑인, 동양인이 보였다. 이 환자들에게 해당 환자의 언어 통역사가 대기시간 없이 입원에서 수술까지 안내해주고 있었다. 각국 환자를 위해 22개 언어를 구사하는 30여 명의 통역사가 항시 대기하고 있었다. 한국어 통역서비스도 보장되며 홈페이지는 한국어를 포함한 14개 국어로 운영되었다. 나는 한국어 통역사의 도움을 받고 병원 안을 둘러볼 수 있었다.

한국어 통역사는 이렇게 말해주었다.

"한국병원의 의료 수준도 세계적이지만 이 병원은 의료 수준이 최고일 뿐만 아니라 진료비가 한국보다 훨씬 저렴합니다. 환자들은 남는 돈으로 태국 관광을 하게 돼요. 그러니 전 세계에서 환자들이 끊임없이 들어오고 있어요."

둘러보는 내내, 시설은 최고였고 직원들의 서비스가 빈틈없이 그리고 체계적으로 제공되고 있음을 분명하게 체감할 수 있었다. 오성급 호텔의 격조 높은 인테리어와 접객 서비스가 떠올랐다. 내가 통역사에게 말했다.

"시스템이 잘 구축이 된 것 같아요. 직원들이나 의료진들이 일사분란하게 움직이고 있기에 허투루 낭비되는 시간이 없네요. 그래서 환자들이 대기하는 시간이 없어진 거겠죠."

그 병원의 세계적인 규모와 시설 그리고 최고 의료와 응대 서비스는 한마디로 원더풀이었다. 병원의 신세계를 경험한 것이나 다름없었다. 세계적으로 성공한 병원을 탐방한 경험을 통해 개원 전의 두려움이 점차 사라졌고, 나도 해낼 수 있다는 자신감이 생겨났다. 병원 탐방에서 얻은 성공 노하우는 개원한 설레임피부과에 고스란히 적용해 나갔다. 그 결과, 환자 고객분들의 만족도가 높았다. 이와 함께 나는 설레임피부과의 목표를 글로벌 피부과로 높이 올리게 되었다.

현재 피부과의 경우, 중국과 동남아어 서 한국으로 의료관광을 오는 경우가 많아졌다. 한류 영향으로 인해 K뷰티가 인정받았기 때문이다. 실제로 많은 한국의 피부과에서 의료관광을 진행하고 있다. 이제는 웬만한 피부과라면 누구나 의료관광을 염두에 두고 있는 시대가 되었다.

이런 점에서 내가 개원 전에 전 세계 여러 병원을 탐방한 것은 참으로 잘한 일이었다. 그때 실제 경험을 통해서 배웠던 성공 노하우가 여전히 내 머리에 저장되어 있었다. 앞으로 설레임피부과에서 의료관광을 본격화할 때 성공 노하우가 빛을 발하게 될 것이라 본다.

병원 이름에
미션을 담아라

설레임피부과를 운영한지 얼마 지나지 않았을 때다. 직원이 화들짝 놀란 표정으로 진료실에 있는 나에게로 달려왔다.

"원장님, 이것보세요. 큰 문제가 생겼어요."

"대체, 뭔 일인데요?"

직원의 표정으로 볼 때, 대단히 안 좋은 일이 생긴 게 틀림없었다. 스마트폰으로 네이버를 보니, '설레임피부과'라는 이름의 피부과가 대구에 나와 있었던 것이다. 나도 모르게 탄식이 절로 터져 나왔다.

'이런 낭패가 어디 있나?'

설레임피부과 브랜드 네임은 병원마케팅회사의 도움을 받아 지은 것이다. 병원마케팅회사는 병원 네이밍에서부터 개원준비, 직원

관리, 마케팅 등을 모두 도맡아서 해주고 있었다. 그곳의 전문성을 믿었다. 하지만 그곳에서 철저히 상표 출원된 동일한 이름을 체크하지 못했던 것이다. 그 결과 상표법적으로 문제가 생겼다.

이 경우, 대구의 피부과와 우리 피부과 중에 하나는 다른 이름을 바꾸는 수밖에 없었다. 그런데 그쪽 피부과나 우리 피부과나 누구도 양보하기 어렵다. 상당 기간 설레임피부과 이름으로 쌓아온 대외 이미지가 있었는데 이것을 하루아침에 허물어버리기는 쉽지 않았다.

소송전이 불가피한 것을 생각하니 아찔했다. 개원한지 얼마나 지났다고 벌써부터 소송전에 휘말린다는 게 참으로 속상했다. 개원 초기 의사로서 나만큼은 시끄러운 소송전에 휘말리지 않고 정도를 걸어가겠노라 몇 번이나 다짐했건만 그게 물거품이 되는 듯 싶었다. 하지만 다행스럽게도 서로 설레임피부과 이름을 사용하는 것으로 하여 화해할 수 있었다.

개원 후 지금까지 '설레임피부과' 이름은 일관되게 사용되고 있고, 그 이름이 많은 고객분들로부터 사랑받고 있다. 지금 와서 보면 피부과 이름을 참 잘 지은 듯하다. 그러니까 대구의 피부과에서도 그 이름을 사용했을 것이다. 그와 함께 '설레임' 앞에 '더'를 붙이거나, '설레이는' 동사로 된 피부과, 성형외과 이름이 여럿 생겨난 것을 보더라도 이 이름이 괜찮은 이름이라는 것을 알 수 있다. 여기다가 설레임 이름의 상품이 부지기수로 많다.

　피부과 이름 면에서는 우리 피부과가 전국적으로 경쟁력이 있다고 본다. 병원의 콘셉트 곧 미션을 함축하는 것이 바로 이름이다. 이 이름은 하루아침에 뚝딱 만들 수 없으며, 트렌드에 따라 만들기만 하면 되는 게 아니다. 오랜 동안 의사님은 자신에게 수없이 이 질문을 곱씹어야 한다.

　'나는 어떤 콘셉트로 병원을 운영할 것인가?'
　'우리 병원의 미션은 무엇인가?'

　이런 고민 속에서 병원 이름을 지어야 비로소 그 이름이 병원의 고유성을 내포하게 된다. 일단 이렇게 심혈을 기울여 지어진 이름은 그 자체로 마케팅이 된다. 고객은 그 이름에서 그 병원만의 개성과 강점을 추론하여 그 병원을 선택하기 때문이다.

　나는 피부과의 콘셉트이자 미션을 '피부주치의로서 아름다움을 위한 피부 케어는 물론 마음까지 케어한다'로 잡았다. 따라서 내 피부과는 한 분 한 분 정성을 담은 꼼꼼한 상담을 통해 고객의 피부상태에 맞는 정확한 진단을 내려야했다. 그리고 고객 피부에 맞는 꼭 필요한 시술만을 권해야했다. 따라서 '신뢰'를 바탕으로 늘 초심을 잃지 않고, 피부 문제로 상처받고 자존감을 잃은 분들에게 건강한 피부와 밝은 미소를 선사해야했다. 이렇듯 나는 개원 전부터 뚜렷한 병원의 방향성을 가지고 있었다.

이런 내가 본격적으로 개원 준비를 하면서 이름을 지어야할 때다. 병원마케팅 회사의 도움을 받았고, 다양한 이름들이 추천되었다. 나는 무게 중심을 피부과의 콘셉트 곧 미션에 두었다.

그러다가 '설레임'이라는 감성적인 단어가 다가왔다. '설렘'이 바른 표현이기는 하지만 어감으로 볼 때, 설레임이 나아보였고 또 이것이 실제 대중들의 입에서 익은 것이었다. 그 뜻을 사전에서 찾아보니 이렇게 나왔다.

마음이 가라앉지 않고 들떠서 두근거림

사람들은 어느 상황에서 이런 감정을 느낄까? 대표적으로 다음과 같다.

여행 가기 전 날
구입한 물건이 택배로 올 때
짝사랑하는 사람을 볼 때
오랜만에 친구를 만날 때
꿈이 이루어지려고 하는 순간

실로, 대단히 가치가 있고 소중한 것을 이제 막 대할 때 사람들이 느끼는 감정이 바로 설레임이다. 그렇다면, 내가 나만의 콘셉트로 개원하고자 하는 피부과 역시 고객들에게 이런 감정으로 다가갔으면 했다. 고객들은 매너리즘에 빠진 기존의 피부과에서는 절대 설레임을 느낄 수 없을 것이다. 이와 반면에, 새로운 미션으로 무장한 우리 피부과는 분명히 설레임을 느낄 수 있을 것이라는 확신이 들었다.

이름 모를 고객분이 우리 피부과를 내원하려고 걸어올 때, 고객이 친절하고 꼼꼼한 상담과 정확한 진료를 기다릴 때, 만족스러운 진료 결과를 얻은 고객이 다시 내원하려고 예약을 잡을 때, 우리 피부과를 만난 고객분이 아름다운 피부와 환한 미소를 띤 자신의 모습을 떠올릴 때 저절로 생기는 감정이 '설레임'이면 좋겠다는 생각이 들었다. 이렇게 해서 지금의 설레임피부과 이름이 탄생했고, 10년 넘게 강남에서 피부과 브랜드 네임으로 막강한 위력을 발휘하고 있다.

병원 개원의 첫걸음은 이름 짓기다. 이를 전적으로 마케팅 회사에 의존해서는 곤란하다. 무엇보다 우선 우리 병원의 고유한 미션을 초점에 두고 그에 맞춰 이름을 선별하고 작명하는 게 바람직하다. 이때, 발음하기 좋고, 뜻이 쉽고, 친근한 게 좋다. 이렇게 해서 잘 만들어진 이름은 그 자체로 강력한 마케팅 효과를 발휘한다. 실제로 우리 피부과를 내원하는 고객분들 중에는 그저 '설레임' 이름이 좋아서 내원했다는 분이 적지 않다.

    마지막으로 잊지 말아야할 것은 아무리 잘 지은 이름도 같은 이름이 먼저 상표등록이 되어있으면 안 된다는 점이다. 따라서 최종적으로 이름을 낙점하기 전에 반드시 건강보험심사평가원에서 해당 이름이 있는지 검색을 해보자. 특허정보넷 키프리스(KIPRIS)를 통해서 상표검색 및 상표등록 하는 것도 잊어버리지 말자.

미션 추구냐?
이윤 추구냐?

"의욕이 너무 앞선 나머지……"

흔히, 접하는 말이다. 의욕은 셌지만 그에 맞춰서 다른 조건이 뒤따라주지 못할 때 이런 말을 한다. 의욕이 앞섰지만 탄탄한 실력을 쌓지 못했거나, 의욕이 앞섰지만 주위를 돌보지 못했거나, 의욕이 앞섰지만 자기관리를 하지 못했을 때 이 말을 하게 된다. 나 역시 예외가 되지 않았다. 나는 수많은 피부과의사들과 다르기 때문에 설레임 피부과만큼은 경쟁력이 있다고 생각했었다. 하지만 시간이 흐를수록 내가 우물 안 개구리라는 생각을 떨쳐내기 힘들어졌다.

피부과는 하나의 사업체이기에 원장은 경영에 대한 역량을 갖춰야한다. 직원 채용, 직원 교육과 관리 그리고 환자응대 서비스, 온오프마케팅, 회계와 세무 관리 등에 대한 충분한 준비가 되어 있어야한다. 나는 이 가운데 중요한 몇 가지를 대충 공부를 했을 뿐이며, 개원 후 실전에서 부딪치며 하나하나 배워가면서 피부과를 경영해나갔다. 이런 내게 모 병원마케팅회사가 솔깃한 제안을 해왔다.

"혼자 피부과 하시기 힘드시죠? 저희 마케팅회사와 함께 하십시오. 저희가 마케팅을 책임지고 해주는 것은 물론 직원 관리와 교육, 재료와 장비 구입까지 해드립니다. 이제 한숨 놓으셔도 됩니다."

내가 답했다.

"정말 그래도 될 거 같네요. 내가 개원 전에 좀더 철저히 준비했으면 지금처럼 힘든 일이 생기지 않았을 건데요. 아무튼 내가 많이 부탁드리겠습니다."

그 회사 대표가 자신 있게 말했다.

"저를 믿으시면 됩니다. 원장님은 오로지 진료에만 신경 쓰시면 됩니다. 저희가 제안하는 방식대로 따라오십시오."

그 병원마케팅회사는 여러 병원을 성공적으로 관리하고 있었다. 그 병원들 면면을 살펴보니 안심이 되었고, 나는 이것저것 고민할 시간도 없이 그 병원마케팅회사의 계약서에 사인을 했다. 그 병원마케팅회사가 잘 뒷받침을 해주기만 한다면 많은 환자 유입이 발생할 것이라고 보았다.

한동안 두 다리 쭉 뻗고 잘 수 있었다. 내가 제일 걱정한 두 가지 문제가 해결이 되었기 때문이다. 직원 교육&관리와 온오프마케팅이 제대로 작동이 되었다. 의대에 진학한 후 쭉 시술만 공부해온 나는 개원 후 직원 교육과 관리를 잘 하지 못했다. 따로 수개월 동안 이를 공부해야만 될 정도로 문제가 심각했다. 그런데 마케팅회사에서 실장을 포함한 직원 채용과 관리까지 해줘서 내가 사소한 부분에 일일이 개입할 것이 거의 없었다. 다들 알아서 척척 손발을 맞춰주었기에, 확연히 환자들의 반응이 좋아졌다.

"새로 온 실장님은 굉장히 상담을 잘 하시대요."

"직원들이 인사성 좋고, 필요한 것을 알아서 척척 해결해줘서 좋습니다."

이렇게 되니까 피부과 분위기가 좋아졌다. 여기에다 온오프 마케팅도 체계적으로 잘 진행이 되었다. 그에 따라 점차 내원하는 환자 수가 늘어갔다. 역시 실력 있는 병원마케팅회사에서 효과적으로 마케팅을 하고 있는 듯했다. 이제 나는 진료만 최선을 다해서 하면, 피부과 운영이 잘 될 것 같았다.

하지만 얼마 지나지 않아 생각하기도 싫은 악몽이 생겨났다. 세상의 모든 일에는 밝은 면이 있으면 어두운 면이 있다고 했던가? 본래 병원마케팅회사는 철저히 이윤 추구의 논리로 움직이는 곳이다. 병원과는 태생적으로 같을 수 없는 곳이 바로 병원마케팅회사다.

모든 의사는 졸업을 할 때 흰 가운을 입고 제네바 선언(일명 히포크라테스 선서)을 한다. 다음과 같다.

(이제 의업에 종사할 허락을 받음에)

① 나의 생애를 인류 봉사에 바칠 것을 엄숙히 서약하노라.
② 나의 은사에게 대하여 존경과 감사를 드리겠노라.
③ 나의 양심과 품위를 가지고 의술을 베풀겠노라.
④ 나는 환자의 건강과 생명을 첫째로 생각하겠노라.
⑤ 나는 환자가 나에게 알려준 모든 것에 대하여 비밀을 지키겠노라.
⑥ 나는 의업의 고귀한 전통과 명예를 유지하겠노라.
⑦ 나는 동업자를 형제처럼 여기겠노라.
⑧ 나는 인종, 종교, 국적, 정당관계 또는 사회적 지위 여하를 초월하여 오직 환자에 대한 나의 의무를 지키겠노라.
⑨ 나는 인간의 생명을 그 수태된 때로부터 더 없이 존중하겠노라.
⑩ 나는 비록 위협을 당할 지라도 나의 지식을 인도에 어긋나게 쓰지 않겠노라.
⑪ 나는 자유의사로서 나의 명예를 걸고 위의 서약을 하노라.

이 선언에는 의사의 헌신과 봉사에 대한 사명이 분명히 드러나 있다. 나 역시 이에 의거해 '사람들을 아름답게 만들기 위해, 마음까지 치료하는 피부주치의'가 되기로 굳은 결심을 했다.

그 병원마케팅회사는 병원을 오로지 돈벌이 수단으로 여겼다. 그래서 끊임없이 원장인 나에게 매출 압박을 가했다. 공장처럼 기계적으로 많은 환자를 진료하고, 높은 매출을 올리는 것만을 우선시했다. 결국, 나는 심각하게 슬럼프에 빠졌다.

마케팅 회사와 결별하고 독단적으로 병원을 운영하는 결단을 내려야했다. 비싼 수업료를 냈다고 치기로 했다. 미련 없이 그 병원마케팅회사와 관계를 정리했고 이로부터 설케임피부과는 독립했다. 그 병원마케팅회사에서 독립하면서 적지 않은 채무가 생겼지만 나는 그 어느 때보다 책임감을 갖고 피부과를 운영해 나갔다.

병원을 개원할 때 모든 의사는 나름의 미션을 세우기 마련이다. 이 미션이 병원의 정체성이자 나아가야할 길에 다름 아니다. 한순간 이윤 추구에 눈이 멀게 된다면 순수한 미션은 온데간데없이 사라지고 만다. 그러면 병원은 아무 특색 없는 곳이 되어 수많은 병원들 속에 밋밋하게 묻혀버리고 만다. 이렇게 되면 병원 매출이 떨어지는 게 당연하고 이 때문에 더더욱 마케팅회사의 이윤 추구 논리의 유혹에 빠질 가능성이 높다. 이는 의사라면 그 누구도 바라지 않는 것이다. 나는 나만의 미션이 있었고 그것을 끝끝내 지켰기에 지금까지 전국에서 유일무이하게 특색 있는 피부과로 자리 잡았다. 병원을 장기적으로 안정되게 운영하려면 미션을 사수해야한다.

성공을 좌우하는
입지 선정

"꼭 좀 괜찮은 위치 물건 좀 소개해주세요."

내가 부동산 사장님에게 간절하게 부탁했다. 지인으로부터 그 사장님이 강남역 인근 병원 상가 부동산 전문가라고 전해 들었지만 생각보다 마음에 들지 않은 물건들뿐이었다. 눈앞이 캄캄했다.

'아, 이제 모든 걸 혼자 결정해야 하는데 어떻게 하지?'

병원마케팅회사에서 독립한 후 새로운 입지에서 새로운 마음으로 병원을 운영해갈 생각이었지만, 그게 쉬운 일이 아니었다. 나는 거듭 요청했다.

"제발 목 좋은 곳에 피부과를 차릴 수 있도록 도와주세요."

그러자 부동산 사장님이 말했다.

"정말 대단하시네요. 정말 간절함이 대단합니다."

그러곤 병원 상가 한곳을 소개해주었다. 그곳이 바로 현재 설레임피부과가 있는 강남역 3출구 앞이다. 강남역의 수많은 출구 앞에 있는 수많은 입지 가운데 그곳이 설레임피부과가 자리 잡기에 안성맞춤이었다. 이렇게 해서 처음 개원했던 강남역 6출구 앞을 떠나 새로운 보금자리를 마련할 수 있었다.

"지지지천(知地知天), 승내가전(勝乃可全)"

『손자병법』에 나오는 말이다. 그 의미는 '지형과 기상조건을 알면, 완전한 승리를 할 수 있다'이다. 전쟁에서 승리를 위해 무엇보다 중요한 것은 군사력이지만 이것만으로는 부족하다. 아무리 막강한 군사력을 갖추어도 지형과 기상조건을 이용하지 못하면 실패할 수밖에 없다. 역으로 적은 군사력으로도 지형과 기상조건을 잘 활용하면 승리를 거둘 수 있다. 이는 거센 물살의 울돌목 지형을 활용하여 고작 33척의 배로 133척의 일본군을 대파한 성웅 이순신의 명량대첩이 잘 입증해주고 있다.

이는 병원에도 그대로 통한다. 지형 곧 입지를 잘 선정하는 것이 병원 개원의 기본중의 기본이다. 아무리 많은 자본력을 갖고 럭셔리하게 병원을 차리고 대대적으로 마케팅을 펼친다 해도, 입지가 좋지 못하면 실패의 길을 피하기 어렵다. 이와 반면에 적은 자본력을 갖고서도 그에 맞는 사이즈의 병원을 좋은 입지에서 개원한다면 승리의 길을 열어갈 수 있다.

처음 설레임피부과를 강남역 6번 출구 앞에서 개원한 것은 패착이었다. 강남역은 하루 평균 100만명의 유동인구를 자랑한다. 그 가운데에서도 특히 6번출구는 젊은층의 유동인구가 많은 곳이다. 욕심이 과한 탓일까? 거리를 걸어가는 수많은 청춘남녀가 모두 내 피부과 고객이 되었으면 바랐던 것이 잘못이었다. 이 수많은 젊은층 고객은 사실 설레임피부과의 주력 진료 상품의 높은 가격대와 맞지 않았다. 호주머니가 가벼운 젊은층은 높은 가격대보다는 저렴한 가격의 진료를 선호하기 때문이었다.

여기다 너무나 많은 행인들도 불리하게 작용했다. 거리가 늘 북적거리기 때문에 고객이 우리 피부과를 내원하고자 걸어오려면 사람에 치이게 되는 불편함을 겪어야했다. 고객이 차를 몰고 올 때, 차 진입도 쉽지 않았다. 100만 유동인구도 불리한 점으로 작용했다. 이렇게 해서 설레임피부과는 지형을 파악하고 활용하지 못함으로써 실패의 길을 걸어가게 되었다.

병원마케팅회사에서 독립하는 게 기회가 되었다. 새로운 입지, 새로운 환경에서 처음처럼 마음을 다잡고 피부과를 운영해보고 싶었다. 이때, 지금의 강남역 3번출구가 나타났다. 강남역 3번출구는 설레임피부과가 자리 잡기에 좋은 지형 곧 입지였기에 성공의 발판이 되었다.

　이곳은 전과 비교할 때 상대적으로 유동인구가 적었다. 그래서 행인들이 걸어 다닐 때 사람에 치이는 일이 생기거나, 차가 진입하는 데 어려운 일이 생기지 않았다. 꼭 필요한 만큼의 유동인구가 있었다. 이와 함께 주변에 대기업과 아파트 단지들이 여럿 있었고, 이용하는 고객들을 위한 편리한 주차 환경과 발렛 서비스 제공이 가능했으며, 전국에서 방문하는 초행길 고객에게도 찾기 쉬운 지하철역 출구 바로 앞이었다.

　그리고 빼놓을 수 없는 게 있다. 설레임피부과가 임대한 상가 건물 상태가 매우 좋았다. 아름다움을 위해 병원을 찾는 고객들이 설레임피부과가 들어선 건물을 보고 좋은 인상을 가질 게 분명했다. 이렇듯, 새로 이사한 병원 입지는 최상이었다. 설레임피부과는 이사를 통해, 최적의 입지 곧 지형을 최적으로 활용할 수 있게 되었다.

　흔히, '점포 창업은 입지 사업'이라는 말을 한다. 이는 곧 점포 입지가 성공의 70%를 좌우한다는 말이다. 피부과라고 예외가 될까? 절대 그렇지 않다. 인구 감소로 갈수록 진료 환자 수가 줄어들고 있으며, 강남역 유동인구 또한 감소 추세다. 그래서 피부과끼리의 경쟁이 심화되고 있다. 사정이 이렇다 보니, 더더욱 목 좋은 피부과가 성공하기에 유리하다.

　강남역이라는 훌륭한 상권에서도 좋은 입지가 있고 그렇지 않은 입지가 있다. 나는 이것을 몸소 체험했다. 늦게나마 병원 이전을 한 후, 비로소 목 좋은 입지의 효과를 톡톡히 보고 있다. '피부과 개원은 입지 사업'이라고 본다. 목 좋은 입지의 병원 점포를 얻는 게 곧 성공의 70%를 좌우한다.

아이도 피부과도
다 중요하다

"환자를 돌보느라 남자를 만날 시간도 정신도 없었다. 그런 부분에선 정말 무미건조한 삶을 살았다. 돌이켜 생각하니 억울하다. 하지만 남편과 아이들에게 쏟을 애정을 환자들에게 쏟았고, 그 순간순간이 너무 행복했기 때문에 후회는 없어요."

우리나라 최초로 여성으로서 의료법인을 세운 가천대길병원 설립자 이길녀 의사의 말이다. 그녀는 인천의 작은 산인부인과를 지금의 의료왕국으로 만들었다. 남자의사도 하기 힘든 일을 여성의사가 해냈다. 그런데 그녀는 독신이다. 그녀는 전 생애를 병원 일에 쏟아 부었기 때문에 연애에 바칠 시간적 정신적 여유가 없었다.

이는 모든 여성의사에게 남의 이야기가 되지 않는다. 미혼 여성

의사는 물론 기혼여성에게도 해당 이야기다. 특히, 나처럼 기혼 여성 의사에게 큰 울림으로 다가온다. 이길녀 의사는 애초에 연애조차 할 여유가 없었다. 이에 비하면 나는 연애결혼을 했기에 행운에 속한다. 하지만 설레임피부과를 혼자 힘으로 운영하려고 하려니, 제대로 가정을 돌볼 여력이 생기지 않았다.

처음에는 욕심이겠지만 육아와 진료 두 마리 토끼를 다 잡으려고 애썼다. 엄마로서의 역할도 최고점을 받고 싶었고, 피부과의사로서도 최고점을 받고 싶었다. 두 가지를 다 잘 해내어야 사회적으로 인정받을 수 있는 것만 같았다. 그런데 그게 쉬운 일이 아니었다. 병원 진료는 정해진 시간에만 하면 끝이다. 이에 비해 육아는 정해진 시간이 없었다. 24시간 육아에 매달려야했다. 사정이 이렇다 보니, 생활리듬이 깨지는 것은 물론 항상 노곤했다. 이런 상태로는 환자 진료에 만전을 기하기 어려울 것 같았다.

'더 이상 육아와 진료 둘 사이에서 헤매지 말아야해. 과감히 육아는 나보다 더 잘하는 엄마에게 맡기고 진료에 전념하는 게 좋아. 엄마로서의 애정과 책임감은 불변하니까.'

친정 엄마가 선뜻 내 사정을 잘 헤아려주셨다. 첫째는 물론 둘째까지 손수 극진한 애정으로 많은 시간 돌봐주셨다. 한편으로는 죄송한 마음이 들었지만, 엄마가 아이들 육아를 챙겨주시니 너무나 든든했다. 이렇게 되자 점차 병원 일에 전념할 수 있게 되었다. 아이들 얼굴을 떠올릴 때마다 나는 불끈 의욕을 불태웠다.

훗날, 피부과의사로서 아이를 낳은 보람을 느낀 일이 있다. 아이들에게 피부 트러블이 생기는 걸 직접 경험한 후, 엄마 입장에서 연약한 아이의 피부 케어를 위한 화장품을 개발할 수 있었다.

여성의사는 남성의사와 비교할 때, 진료 능력 면에 별반 차이가 없다. '엄마의사'도 마찬가지다. '아빠의사'와 진료 능력 면에서 차이가 없다. 그런데 눈여겨 봐야할 것은 '아빠의사'라고 특별히 아이를 둔 남성의사를 호칭하는 일이 별로 없다는 점이다. 따라서 아이를 둔 여성의사를 '엄마의사'라고 구별 지을 필요가 없다고 본다. 아이들 둔 기혼 여성의사만을 콕 집어서 '엄마의사'로 부르는 것은 어쩌면 엄마로서의 역할을 강조하는 편견 때문일지 모르겠다. 세상에 있는 기혼의사 모두 아이를 둔 가정을 가지고 있기에 육아에 대한 일정한 책임이 있다. 그런데 '엄마의사'라는 프레임으로 기혼 여성의사를 가정과 육아에 구속하는 것은 아닌지 한번 생각해볼 일이다.

나는 '엄마의사'라는 프레임에서 과감히 벗어났다. 누군가 내게 '엄마가 우선이냐? 의사가 우선이냐?' 물어오면 그것은 바보 같은 질문이라고 말한다. 기혼 남성 의사에게 '아빠가 우선이냐? 의사가 우선이냐?'라는 질문을 하는 게 우습지 않은가?

나는 솔직히 육아를 만족스럽게 하지 못했다. 하지만 엄마의 도움으로 아이들이 건강하게 잘 자라고 있다. 이와 함께 나는 설레임피부과를 지속적으로 성장시키고 있다. 나에게는 아이도 중요하고 피부과도 중요하다.

02

환자의 마음을 케어하라

의료서비스는
고관여도 상품

피부과 환자들은 신중하게 병원을 선택한다. 동네나 직장 근처에 피부과가 있다고 해서 편리하다고 쉽사리 그곳을 내원하지 않는다. 시간을 들여, 자신의 질환을 잘 치료하는 피부과를 찾아내어 꼼꼼히 살펴본 후 내원한다. 환자 고객을 아름답게 만들어줄 진료를 해주는 곳이 피부과이기에 결정하는데 많은 노력을 기울인다.

환자가 피부과를 선택하는데 많은 관심을 가지고 고민하여 결정하기에, 피부과 의료서비스는 고관여도(High involvement) 상품으로 분류된다. 환자는 피부과가 가까운 곳에 있다고 해서, 가격이 합리적이라고 해서, 홍보물을 접했다고 해서 쉽게 선택하지 않는다. 고민에 고민을 거듭한 후 최종적으로 한 곳을 선택한다.

따라서 피부과에서는 환자를 응대하는 자세가 남달라야한다. 환자는 고관여도 의료 서비스 상품을 구매하러 왔기 때문이다. 내원하기 전에 많은 의료서비스에 관심을 가졌던 환자의 기대에 부응해야 한다. 사무적인 태도로 일관하거나, 편의점이나 마트에서 상품을 팔 듯이 관행적으로 대응할 경우 환자는 만족을 얻을 수 없다.

갈증이 생긴 고객이 음료수를 사려고 한다고 하자. 그러면 당장 눈에 보이는 곳에 있는 가까운 편의점을 찾아간다. 그러곤 음료수 한 개를 고르고 계산 후 나온다. 이때 편의점 직원의 응대 태도는 고객에게 큰 의미가 없다. 고객은 그것을 중요시하지 않는다. 음료수는 구매하는데 많은 고민을 하지 않는 저관여도(low involvement) 상품이기 때문이다. 그래서 고객은 자판기에서 버튼을 누르고 음료수를 구매해도 아무렇지 않다. 원하는 것은 음료수 그 이상도 이하도 아니기 때문이다.

그런데 피부과에서도 음료수를 파는 편의점 직원처럼 밋밋하게 응대해도 될까? 이렇게 하면 환자는 큰 실망을 하게 된다. 고관여도 제품을 구매하러 피부과를 내원한 환자의 마음속에는 여러 가지 기대수치를 가지고 있기 때문이다.

'대기하는 시간이 없으면 좋을 텐데.'

'상담을 친절하게 잘 주었으면.'

'원장님이 설명을 잘 해주시고, 꼼꼼하게 진료를 해주셨으면.'

피부과에서는 이러한 환자의 기대를 충족시켜줘야 한다. 그래야 고관여도 제품을 구매하러 온 환자의 만족도가 높아진다. 고관여도 제품의 소비자인 피부과 환자를 결코 안이하게 대응해서는 곤란하다.

피부과에서 환자를 잘 응대하기 위해서는 우선 고관여도 의료서비스의 4가지 특성을 잘 인지해야한다. 이렇게 해서 고관여도 피부과 의료 서비스 환자에게 만족감을 줄 수 있어야한다. 순서대로 살펴보자.

첫 번째는 품질을 측정하기 어렵다. 다른 진료과와 달리 미용에 관련된 피부과 시술은 특히나 주관적인 요소가 많다. 내과, 외과 등 다른 진료과에서는 수치화된 진료 결과를 보여준다. 환자는 그 수치를 보고 원하는 결과를 얻었다고 생각한다. 이에 비해 피부과에서는 진료 결과의 수치화가 어렵기에, 진료 품질을 놓고 왕왕 환자의 불만이 생겨난다. 막상 환자가 원하는 대로 진료를 하고 나면, 환자에게서 이런 피드백이 나오는 경우가 허다하다.

"아직도 허벅지에 살이 많잖아요? 저는 날씬하게 해달라고 했거든요."

"피부 미백을 잘한다고 해서 왔는데 이 정도밖에 안되나요?"

"이 시술로 인해 부작용이 생긴 것 같아요."

이러한 환자의 문제 제기는 피할 수 없다. 피부과 진료의 주관성 때문에 어쩔 수 없다. 문제는 이를 잘 대비하고 응대를 해야 한다는 점이다. 미리 진료결과 곧 의료서비스 품질의 주관성으로 해서 시비가 생길 수 있다는 점을 환자에게 잘 고지해주는 것이 중요하다.

두 번째는 대면접촉으로 이루어진다. 모든 진료과가 그렇듯이 피부과 환자는 문을 열고 들어서는 순간부터 나가는 때까지 쭉 병원 관계자를 접촉하게 된다. 프런트 직원에게 접수를 하고, 상담실장을 만나 상담을 한 후 진료실에서 원장님에게서 진료를 받는다. 이는 매 순간 피부과 관계자들이 환자를 어떻게 대하느냐가 매우 중요하다는 말이다. 원장님만 진료를 잘하면 된다고 안일한 생각하지 말아야한다. 모든 접점에서 직원들과 원장이 환자를 응대하는 체계적인 매뉴얼이 만들어져야한다.

프런트 직원과 상담실장은 환자 유형, 다양한 환자의 상황에 맞게 응대 대화를 하고 친절하게 서비스를 할 수 있어야한다. 원장 또한 진료실에서 환자에게 어떻게 응대해야하는지에 대한 계획이 서있어야한다. 사무적으로 대하거나 주먹구구식으로 응대해서는 곤란하다. 대면접촉이 이루어지는 모든 접점에서 응대 매뉴얼이 만들어져야한다.

세 번째는 응대 태도에 따라 결과가 달라진다. 설령 원장의 진료

실력이 그리 좋지 않다고 하더라도 직원들이 환자를 깍듯이 그리고 성실히 응대한다면, 그에 따라 진료 결과가 좋다는 피드백이 나온다. 따라서 피부과에서는 원장의 진료 실력 별도로 직원들의 고객 만족 응대에 최선을 다해야한다. 피부과는 서비스업이라는 마인드를 가져야한다.

세브란스병원은 병원으로는 처음으로 국가고객만족도(National Customer Satisfaction Index, NCSI) 조사에서 병원부문 10년 연속 1위를 달성했다. 세브란스 병원은 고객만족 응대를 위해 퇴원환자의 고객만족도 조사를 하고 외래 예약 통합창구를 운영해 환자 편의성을 높였으며, CS교육을 통해 친절도를 높이는 것은 물론 설명간호사 역할을 강화했다. 그리고 외래 방문 후 귀가한 환자를 대상으로 의견을 수렴해 환자의 불편사항을 개선해 나가고 있다. 이병석 세브란스병원 병원장은 말한다.

"그동안 서비스 개선을 통해 환자 중심의 경험을 제공했다면 이제 환자들의 목소리를 직접 듣고 더 나은 경험을 할 수 있도록 개선해 환자들에게 더 나은 경험을 제공하는 경험 공유시대로 가야 한다."

피부과에서 고객만족 응대를 하려면 피부과 입장에서 환자응대를 위해 노력하는 것에 그치지 말아야한다. 환자 의견을 모니터링해서 최대한 환자 입장에서 고객만족 응대가 되도록 해야 한다.

네 번째는 같은 환자가 한 명도 없다. 환자들이 같은 질환을 가지고 있지만 그 상태가 각기 다르다. 눈가 주름 환자의 경우, 그 원인이 각기 다를 뿐만 아니라 환자의 성격마저 다르다. 가령, 시술 중 환자가 느끼는 고통도 환자마다 차이가 있다. 어떤 환자는 거의 고통을 못 느끼는 반면에 어떤 환자는 큰 고통을 느낀다. 따라서 피부과에서는 환자를 섣불리 유형화하여 관행적으로 대하는 우를 범하지 말아야 한다. 충분한 시간을 갖고 한명 한명의 환자를 잘 파악하고 그에 맞게 응대하고 진료를 해야 한다.

설레임피부과의 경우 원장인 내가 환자와 상담을 진행한다. 이 과정에서 환자 질환의 특수성과 환자의 성격 등을 파악해낸 후, 이에 따라 환자를 배려하면서 진료를 한다. 그래서인지 환자들이 피부로 자신이 관심 받고 존중받고 있다는 느낌을 받는다.

원장은 인생 선배처럼
상담하라

"여러 회사에서 필기는 합격했는데 면접에서 떨어졌어요."

한 취준 여대생 환자가 내게 속엣말을 털어놓았다. 이 환자는 고등학생 때 피부과 진료를 받으러 온 계기로 잘 알고 있었다. 병원 방문 때마다 서로의 안부를 묻기도 했고, 학생이 공부가 힘들 때 내가 격려를 해주는 것과 함께 내 나름의 공부법을 알려주기도 했다.

그 환자가 이제는 취준생 대열에 끼어들었지만, 현실은 그리 녹록치 않았다. 한동안 두문불출하면서 연락이 없었다가 설레임피부과를 내원했다. 풀이 죽어 있었고, 얼굴 피부가 굉장히 안 좋았다. 내가 말했다.

"그랬군요. 요즘 다들 그렇잖아요. 열심히 하라는 말을 해줄 수밖에 없다는 게 안타깝네요. 그래도 면접까지 갔으니 희망이 있네요."

"네, 그래서 조금이나마 희망을 가지고 있어요. 오늘은 면접을 대비해서 얼굴 피부를 말끔하게 해보면 어떨까 해서 찾아왔어요. 잘 왔나 모르겠네요."

"아니요, 잘 와주었어요. 얼굴을 보니까 여드름도 있고 각질이 많이 생겼네요. 내가 신경 써서 예쁜 얼굴로 만들어드릴게요. 그러면 면접 시 첫인상이 매우 좋아질 거예요."

이 환자는 피부 진료를 받은 후 말끔해진 자신의 얼굴을 보면서 환한 미소를 지었다. 그러곤 연신 찾아오길 잘했다는 말을 잊지 않았다. 이 환자는 시간이 지나 취업에 성공했다고 이야기 해줬다. 정말, 내 일처럼 날아갈 듯이 기뻤다.

설레임피부과에서는 피부주치의인 나와 환자가 친밀하고도 돈독한 관계를 맺고 있다. 대개의 피부과에서는 상담을 전담하는 상담실장이 있다. 이를 모르는 게 아니다. 나는 환자의 마음까지 치료를 하려면 환자의 관계가 매우 중요하다고 보았다. 때문에 상담을 상담실장에게 맡기고, 진료실에서만 원장이 잠깐 환자를 만나는 것을 피해야한다고 보았다.

그래서 나는 진료를 보는 것인지 상담을 하는 것인지 헷갈릴 정도로 참 많은 시간을 상담에 할애하고 있다. 이때 환자와의 대화는 허심탄회하게 이루어진다. 나와 환자 사이를 가로막는 의사라는 벽을 허물어버린다. 나는 의사가 아니라 인생의 선배처럼 환자를 대하고 깊이 있는 대화를 나눈다. 두 명의 환자가 기억에 남는다.

한 남성 직장인은 주름 시술을 받으러 왔다가, 상담하면서 비트코인에 대해 대화를 나누었다. 나는 나름 비트코인에 대해 주워들은 이야기를 건넸고, 그 직장인은 비트코인으로 돈을 벌다가 최근에 큰 돈을 잃었다는 이야기를 했다. 그와의 상담 대화에서의 내 역할은 비트코인에 대한 전문적인 식견을 알려주는 게 아니었다. 다만 그의 이야기를 경청해주고 투자 실패를 한 그의 마음을 어루만져주는 것이었다. 그에게 이런 말을 건네주었다.

"내가 잘 모르지만 이것만은 말씀드릴 수 있을 것 같네요. 전 재산을 올인하지 말고 여윳돈으로 투자를 하는 게 좋은 것 같아요."

한 중년 부인은 리프팅 시술을 받으러왔다가, 상담할 때 나와 가정사 이야기를 나눴다. 내 나이대의 그 환자는 알고 보니 이혼을 했고 재혼을 준비하고 있었다. 그 환자는 전 남편과 성격차이로 인해 생긴 고통을 털어놓았다. 나는 그 환자에게 나름 인생선배처럼 남편과의 좋은 관계를 맺을 수 있는 방안을 알려주었다.

"재혼할 분과는 서로 안 맞는 부분이 있더라도 서로 맞춰가도록 노력하면 좋을 것 같습니다. 자기 기준에 상대방을 맞추기 시작하면 한도 끝도 없이 불화가 생기거든요. 그리고 여성으로서의 아름다움을 유지하도록 자기관리를 잘하신다면 남편분에게 사랑받으실 거예요."

이처럼 친밀하고도 허심탄회하게 상담을 하는 환자들이 많다. 이들 환자들은 30여분 되는 상담을 통해, 피부주치인 원장을 인생의 선배로 만난다. 나는 가능한 많은 조언을 아끼지 않는다. 환자는 이런 상담을 통해 대화의 시간을 갖고 나서 원하는 진료를 만족스럽게 받는다.

경기가 안 좋고, 삶이 팍팍할수록 사람들이 운세상담소를 많이 찾는다. 그런데 사람들은 운세가 잘 맞지 않는다는 것을 알면서도 돈을 지불하고 기꺼이 그곳을 방문한다. 그 이유가 뭘까? 사람들은 자기 이야기를 들어줄 사람이 필요하기 때문이다. 불투명한 자기 인생 이야기를 들어주고, 또 조언해줄 사람으로부터 위안을 얻는 것이다. 그래서 설령 운세가 틀리더라도 운세를 보는 30여분의 시간이 결코 아깝지 않을 것이다.

설레임피부과를 찾는 환자들도 상담에서 큰 위로를 받는 듯하다. 피부주치의로서 피부 질환 치료에 대한 정확한 소견을 내리는 것은 물론 취업 실패, 투자 실패, 이혼 등에 대한 이야기를 격의 없이 나눈다. 이렇게 대화를 나누다 보면, 금세 환자와 가까워져서 환자가 후배 같고, 친동생 같다. 그 결과 위로 받은 환자의 마음이 치료되는 듯하다. 나는 자신 있게 이렇게 말한다.

"환자의 마음까지 치료합니다."

내가 환자와의 상담에서 제일 주안점을 두는 것은 라포(Rapport · 상호 신뢰관계) 형성이다. 나와 환자 사이에 벽이 있다면, 진정어린 대화가 불가능하다. 잘 알려져 있듯이, 탁월한 상담자는 라포를 잘 만든다. 라포를 잘 만드는 상담자가 상대방에게서 진심어린 이야기를 이끌어낸다. 이처럼 환자와의 상담에서 라포를 잘 만들려면 어떻게 하면 될까?

우선, 공통점을 찾아낸다. 환자가 무언가를 실패를 했다면, 원장인 나도 실패의 경험을 털어놓는다. 그리고 환자가 골프를 시작했다면 내 취미인 골프를 언급하거나, 인기 드라마를 시청하고 있다면 나도 그 드라마를 좋아한다고 말한다. 이외에도 마음의 준비를 잘 한다면, 얼마든지 환자의 정보 속에서 공통점을 찾아낼 수 있다. 이렇게 해서 환자가 원장과의 공통점을 인지하면 교감을 갖고 자신의 이야기를 털어놓는다. 공통점을 찾기 위해 이렇게 질문을 던져보는 게 좋다.

"취미가 뭐에요?"

"어떤 패션에 관심이 많으세요?"

"어떤 스포츠를 좋아하세요?"

다음, 경청을 한다. 상담을 한다고 해서 원장이 많은 말을 하면 좋지 않다. 환자가 많은 말을 할 수 있도록 돗자리를 펴준다는 생각을 가져야한다. 환자가 더 많이, 자유롭게 이야기할수록 상담이 잘 된 것이다. 세심하게 환자의 말을 잘 듣고 있다는 것을 보여주기 위해, 이렇게 리액션을 할 필요가 있다.

"아, 정말요?"

"그런 일이 있었군요."

마지막, 칭찬을 아끼지 말아야한다. 누군가에게 칭찬을 하기란 쉬운 일이 아니다. 칭찬은 습관화를 해야 입에 밴다. 특히, 상담을 할 때 환자의 외모에서 그리고 환자가 한 일에서 장점과 강점을 구체적으로 짚어서 칭찬을 한다. 헤어스타일이 멋지다고 하거나, 인상이 참 좋다고 하며 그리고 어떤 일을 잘했다, 어떤 점은 강점이라고 칭찬을 한다. 칭찬을 받은 사람은 칭찬을 하는 사람을 신뢰하고 마음의 문을 연다.

컴플레인 환자는
잠재적인 단골고객

전문직 의사에게도 스트레스가 늘 따라다닌다. 의사들이 느끼는 스트레스 가운데 가장 큰 것은 어떨 때 생길까? 환자 증상에 대한 확실한 진단이 나오지 않을 때, 치료가 제대로 되지 않을 때, 업무량에 비해 수입이 적을 때, 환자 컴플레인이 심할 때. 이 네 가지 가운데 어느 것일까? 정답은 맨 마지막이다. 의사들은 환자 컴플레인이 업무 가운데 가장 힘들다고 느끼고 있다.

특히나 피부과의사는 많은 스트레스에 시달리고 있다. 외모를 개선하는 미용에 관련된 시술을 하다 보니, 주관적인 요소가 많이 작용하는데다 심심찮게 부작용이 생기기 때문이다. 그래서 환자들의 컴플레인이 종종 발생한다. 이로 인해 피부과 직원들은 다른 진료과와 달리 심한 감정 노동에 시달리고 있는 게 현실이다. 다른 곳도 아닌 외모에 문제가 생겼다고 생각한 환자들은 매우 예민하게 불만을 토로한다.

"당장 원장 나오라고 해!"

"볼에 패인 듯한 흉터가 생겼단 말이요. 정말 미치겠어요."

"무료로 추가 치료를 해줘요."

환자의 컴플레인은 상상을 초월한다. 어떤 환자는 업무를 방해할 정도로 고래고래 소리를 지르고, 어떤 환자는 고소하겠다고 으름장을 놓는다. 그리고 어떤 환자는 자신이 유명 미용 관련 유튜브 크리에이터라면서 혼쭐내겠다고 하고, 어떤 주부는 맘카페에 후기를 올린다고 위협한다. 이런 일 때문에 피부과의사로서 자괴감에 빠지는 일이 있다. 많은 시간 환자와 상담을 하고나서 최대한 환자를 아름답게 만들려고 좋은 시술을 해드렸건만, 일부 환자는 의사를 과잉진료 했다거나 진료과실을 범했다고 우기는 경우가 있다.

한 환자는 부작용을 충분히 고지해드리고 나서 원하는 대로 시술을 했다. 하지만 막상 결과가 좋지 않게 나오자 막무가내였다. 그 환자는 얼굴 피지 시술을 했는데 얼굴에 홍조가 있어서, 홍조가 가라앉은 후 시술을 권해드렸다. 이대로 시술을 할 경우 부작용이 생길 수 있음을 알려드렸다. 그런데 환자가 당장 시술을 하자고 해서 시술을 했건만, 환자는 얼굴에 생긴 부작용을 진료 과실이라고 고집 부렸다. 이 환자는 자신이 결정한 일이라는 것을 알면서 떼를 썼다.

내가 나섰다. 부작용에 대해 충분히 그지했으며, 환자가 결정한 시술이라는 점을 알려드렸다. 그러고 나서 이렇게 말했다.

"죄송합니다. 직원이 좀더 적극적으로 고지해드려야 하는데 그렇지 못한 듯합니다."

이에 그 환자가 서서히 흥분을 가라앉혔고, 시술 취소를 요청했다. 나는 시비를 가리기에 앞서 속이 상한 환자를 배려하는 마음에서 사과를 표시했다. 의료 서비스업 종사자가 하는 사과는 잘못을 인정하는 말이 아니다. 고객이 불쾌한 감정을 가지게 된 점에 대해 미안해하는 말이며, 고객이 흥분한 감정을 가라앉히고 앞으로 만족스럽게 의료서비스를 받을 수 있도록 노력하겠다는 말이다.

환자의 컴플레인을 대할 때 시시비비를 가리자는 생각보다는 환자의 입장을 헤아리는 배려가 중요하다. 피부과에서는 수많은 컴플레인을 대한다. 하지만 환자는 전혀 예상치 못하게 컴플레인을 처음으로 제기하는 경우가 많다. 환자가 원래 신경적으로 불만을 토로하는 강자라고 보는 건 위험한 생각이다. 환자는 오히려 약자이다. 자신의 용모를 좌지우지하는 피부과를 대할 때, 환자는 위축감을 가지고 이런 생각을 한다. 의견을 말해도 아무도 안 들어줄 거야, 진료결과가 마음에 안든다고 하면 다툼이 벌어질 거야, 의사는 환자가 찾아와 진료가 잘못되었다고 말하면 소송을 걸라고 큰 소리를 칠거야. 그래서 환자는 서운한 감정에 휩싸이는 경우가 많다.

그러니 피부과에서는 먼저 환자의 말을 잘 경청하는 자세를 가져야한다. 그러면서 이유가 어찌되었든 정중하게 사과를 표시해야한다. 특히나 미용을 다루는 피부과의 진료의 주관적인 면 때문에 컴플레인이 자주 발생한다는 점을 기억하고, 피부과에서 좀더 환자를 배려하여 경청하는 자세를 가져야한다. 환자의 말을 잘 들어주고, 사과를 표시하는 것만으로 대부분의 감정적인 컴플레인이 해결이 된다.

악의적인 컴플레인을 제기하는 환자는 다르게 대처해야한다. 한번은 올리지오 리프팅 시술을 한 환자가 색소가 올라왔다면서 난리법석을 피웠다. 그 환자는 가까운 시기에 모 방송사 아나운서 면접을 봐야하는데 큰일이 났다고 소리를 질러댔다. 떨어지면 책임을 지라면서 손해배상을 청구하겠다고 했다.

"이 얼굴로 어떻게 면접을 봅니까? 아나운서 면접에 합격하지 못하면 당신네 책임이니 손해배상을 청구할 것입니다."

피부과에서는 이런 일을 방지하기 위해, 환자의 동의를 얻어 진료 전후 사진을 찍어놓는다. 전후 사진을 비교하면 진료 과실 유무를 밝힐 수 있기 때문이다. 그런데 이 환자는 본인의 거부로 사진을 찍지 않았다. 진료 과실로 색소가 올라왔는지를 명확하게 밝힐 근거가 없었다. 난감했다.

이 경우, 달리 방법이 없었기에 범퍼 기능을 하는 공공기관 활용하기로 했다.

"환자를 보호하기 위해 만들어진 한국의료분쟁조정중재원이 있습니다. 이곳에 조정 신청을 하세요. 그 권고안에 맞춰 처리해 드리겠습니다."

환자는 진료 과실을 입증하기 위해, 시술 전과 후의 사진을 제출해야했다. 나는 객관적인 그 증빙 자료를 확인해 보고 싶었다. 시간이 얼마 흐른 후, 환자가 시술 전 사진을 찾았다고 연락이 왔다.

시술 전 사진을 보니 그 환자는 원래 피부에 오래된 색소 침착이 있음을 확인할 수 있었다. 나는 시술 전후 사진을 비교하면서 진료에 아무런 문제없었음을 설명해주었다. 그러자 환자가 조정을 취소한다면서 수그러들었다. 그 환자는 시술이 잘못되지 않았음을 알면서도 악의적으로 컴플레인을 걸고 손해배상을 요구한 것이다.

악의적으로 밑도 끝도 없이 컴플레인을 걸어오는 환자도 있다. 이들은 금전적인 대가를 바라는 경우가 많다. 이들에게는 한국의료분쟁조정중재원이 답이다. 병원이 아닌 제3의 장소인 제도권 기관에서 환자를 만나는 것 자체가 문제 해결의 실마리를 가져다준다.

흥미로운 통계가 있다. 컴플레인을 제기한 고객이 그렇지 않은 고객보다 제품 재구입률이 높다. 컴플레인을 제기하지 않은 고객은 그냥 다른 회사 제품으로 바꿔버린다. 이에 반해 컴플레인을 토로한 고객은 다시금 제품을 구입하는 일이 많다. 단, 컴플레인을 잘 해결해줘야 한다. 따라서 피부과에서 왕왕 발생하는 컴플레인 환자들은 잠재적으로 단골 환자가 될 가능성이 많다는 말이다. 존 굿맨(John Goodman)의 제1법칙은 이렇다.

"불만 해결에 만족한 고객은 불만이 있으면서도 표시하지 않는 고객에 비해 동일 브랜드를 재구입할 가능성이 매우 높다."

대기환자를
지루하게 만들지 말라

두 환자가 있다. 한 환자는 1시에 진료예약을 잡은 후 병원에 10분 일찍 도착해서 10분간 기다린다. 다른 한 환자는 1시에 진료예약을 잡은 후 병원에 1시에 도착했는데 진료 지체로 10분간 기다린다. 이 두 환자에게 대기하는 시간은 똑같은 의미를 가질까? 아니다. 기다리는 시간 10분은 똑같지만 그것은 환자에 천지차이의 의미로 다가온다.

환자는 약속한 시간까지는 얼마든지 기다릴 용의가 있다. 하지만 그 이상은 기다리지 못한다. 환자는 병원 사정으로 대기하게 되면 그 시간을 기다리는 것을 참지 못한다. 저절로 불만이 솟구쳐 나온다.

"진료를 잘한다고 왔는데 이게 뭐람."

"아무리 피부 시술을 잘해도 이렇게 환자를 기다리게 하면 되냐구!"
"환자를 무시하는 것 같아서 기분이 안 좋네."

모든 병원들이 대기 환자 문제로 고민이 많다. 아무리 예약을 받고, 환자 수를 적정 하게 유지한다 해도 불가피하게 지체 시간이 생기기 마련이다. 부득이하게 한 환자의 진료가 지연되면 도미노처럼 연속적으로 진료 시간이 지체되고 만다. 불과 10여분 정도의 대기 시간이 생긴다고 해도, 고객 환자는 자꾸 시계를 보면서 불쾌한 감정을 숨기지 못한다. 이러한 대기환자를 원천적으로 백프로 막을 방법은 없다.

문제는 대기환자를 잘 대응하지 못하면 환자들이 발길을 다른 곳으로 옮길 가능성이 크다는 것이다. 대기환자를 잘 관리하는 게 중요하다. 과연, 어떻게 하면 대기환자를 지루하지 않게 만들 수 있을까? 기업경영의 세계적인 권위자 데이비드 마이스터는 다음처럼 고객의 심리적 대기 시간을 관리는 방법을 제시하고 있다.

대기관리의 기본원칙 7가지

❶ 아무 일도 하지 않고 있는 시간이 뭔가를 하고 있을 때보다 더 길게 느껴진다.
❷ 구매 전 대기가 구매 중 대기보다 더 길게 느껴진다.
❸ 근심은 대기시간을 더 길게 느껴지게 한다.

❹ 불확실한 기다림이 더 길게 느껴진다.

❺ 원인이 설명되지 않은 대기 시간이 더 길게 느껴진다.

❻ 불공정한 대기 시간이 더 길게 느껴진다.

❼ 서비스가 더 가치있을 수록 사람들은 더 오랫동안 기다릴 것이다.

이 7가지 기본 원칙을 참고하면, 병원에서 대기 환자가 지루해하는 것을 막을 수 있다. 그러면 이 7가지 원칙에 근거해 설레임피부과에서 실제로 시행하는 7가지 방안을 소개한다.

첫 번째 방안은 대기실에서 기다리는 환자에게 다양한 읽을거리와 볼거리를 주는 것이다. 대기실 탁자 위에 잡지와 수기 작성 고객 후기 모음집 등을 비치해 놓고, 벽면에 TV를 통해 미리 제작한 홍보 영상을 틀어준다. 이와 함께 병원의 기본이지만, 내부 인테리어에 신경을 써서 환자가 한번 더 시선이 가게 하고 편안한 느낌을 주도록 하는 게 좋다.

두 번째 방안은 환자가 내원하면 진료까지 내버려 두지 않고 직원이 다가가 후기 작성 문서를 제시하고 작성을 안내하는 것이다. 환자가 빈칸에 한 줄 한 줄 써내려가다 보면, 이는 구매의 한 과정으로 생각하게 되므로 대기 시간이 생기더라도 크게 길게 여겨지지 않고 당연하게 생각한다. 환자가 무엇인가를 하고 있다면 대기시간을 지루하게 여기지 않는다.

세 번째 방안은 환자의 근심을 없애는 것이다. 예상치 못하게 기다려야하는 환자에게는 근심이 엄습한다. 과연 기다리면 당일에 진료를 받을 수 있을 것인지 불확실하게 여겨진다. 직원의 이러한 깍듯한 말 한마디가 환자의 근심을 덜어준다.
"진료시간 내에 접수하신 분은 반드시 원장님이 늦게까지라도 책임지고 진료를 해드립니다."

네 번째 방안은 기다림의 불확실성을 제거하는 것이다. 이를 위해 번호표를 주는 게 좋다. 환자는 일단 번호표를 받아 들고 나면 정해진 순서까지 기다리면 된다고 생각하면서 근심에서 벗어난다. 이는 은행, 대형병원에서 많은 사용하는 방법이다. 그리고 구두로 환자에게 대기 시간을 말할 경우, 모호하게 말하지 말고 정확하게 대기 시간을 알려주는 게 좋다.

다섯 번째 방안은 지체된 이유를 분명하게 고지하는 것이다. 직원들이 늦은 이유를 환자에게 굳이 말할 필요가 없다고 생각하면 오산이다. 바쁘다고, 혹은 성가시다는 이유로 직원이 이를 도외시한다면 환자는 병원으로부터 무시 받는다는 느낌을 받는다. 진료가 지연

되어서, 검사 과정이 지체되어서, 원장님이 개인적으로 사정이 생겨서라고 지연되는 이유를 환자가 납득할 수 있도록 설명해준다. 그래야 환자가 병원에 사정이 생긴 것을 받아들이고 기꺼이 기다리려고 한다.

여섯 번째 방안은 공정한 대기 시간을 관리하는 것이다. 원장의 지인, 혹은 VIP환자가 대기 순서를 무시하고 특별히 먼저 진료를 받는 것을 안다면 환자는 부당하게 느낀다. 그래서 기다리는 것을 몹시 힘들게 느낀다. 대기 시간은 어떠한 일이 있어도 공정하게 관리되어야한다. 특히, 대기실에 있는 환자들의 시각에서 볼 때 어느 한 환자가 부당하게 먼저 들어가는 것처럼 보여서 안 된다. 대기환자는 순서를 무시하고 먼저 들어가는 환자가 응급환자인지를 알기 어려우므로, 이를 대기 환자가 인지할 수 있도록 하는 게 중요하다.

일곱 번째 방안은 충분히 기다릴만한 가치 있는 의료서비스를 주는 것이다. 기껏 한 시간 기다려서 원장님을 뵈었는데 10분만에 진료가 끝나버린다면, 게다가 진료 결과가 어느 병원에서나 접할 수 있는 것이라면 그만큼 실망이 클 수밖에 없다. 따라서 대기 환자들에게 대기를 할만 정도로 가치 있는 진료를 제공해야한다. 설레임피부과는 원장의 30분 상담은 기본이고 정량 정품의 신뢰있는 진료를 선보이고 있다. '맛집'이라면 고객들은 기꺼이 대기 줄에서 기다린다.

여드름 치료로
자존감 회복한 여고생

여드름 치료를 위해 전주에서 한 여고생이 설레임피부과를 찾아왔다. 상담을 해보니, 그동안 여러 곳에서 치료를 해봤는데 큰 효과를 보지 못했다고 했다. 여고생 환자는 부끄러운지 자꾸 고개를 숙였다. 여고생의 얼굴을 자세히 보니, 화농성 여드름이 뺨에 가득했다. 나를 바라보면서 여고생이 기어들어가는 목소리로 말했다.

"이곳이 여드름 치료를 잘한다고 해서 왔어요. 여기가 마지막이에요."

여고생이 다시 고개를 수그렸다. 여고생으로부터 절박함을 느낄 수 있었다. 여드름은 사춘기 나이에 누구나 겪는 가벼운 질환으로 치부할 수 있지만 그 정도가 심할 경우 심리적으로 큰 문제가 된다. 자존감 하락은 물론 우울증이 생기며, 더 나아가 자살 유혹을 받기도 한다. 호주의사협회의 연구 결과에 따르면 여드름으로 고민하는 청소년의 34%가 자살을 생각해봤다고 한다. 실제로 화농성 여드름 때문에 왕따를 당한 한 남자 고등학생이 한강에서 자살한 일이 있었다. 청춘의 상징 여드름은 결코 청소년에게 단순한 피부 질환이 아니다.

그 여고생도 그랬다. 상담을 하는 과정에 심적 고통을 호소했다.

"내가 중학생 때는 성격이 밝고 활발한 편이었어요. 근데 고1 때 여드름이 생기면서 대인기피증이 생겨버렸어요. 거울 보는 것이 싫어졌고 친구들이 나를 회피하는 것 같았어요. 친구들과 어울리는 것이 싫어지면서 자신감을 잃어버렸어요. 이제 나는 어떡하죠?"

그 심리적 고충을 충분히 이해할 수 있었다. 그 동안 내게 진료를 받아온 여드름 환자 대부분이 이처럼 심리적인 고충을 겪고 있었다.

한 저널에서는 여드름이 있는 사람은 피부에 대한 근심 때문에 평소 운동이나 여럿이 어울리는 경기에 참가하는 것을 기피하는 이른바 '피부질환에 따른 사귐기피증'을 겪는다고 발표했다. 나이를 막론하고 여드름이 심한 경우 대인관계를 기피하고 위축된 생활을 하는 것과 함께 스트레스나 우울증을 겪는 경우가 많다. 그에 따라 자존감이 낮아져 결과적으로 삶의 질이 떨어질 수밖에 없다.

이 여고생에게는 진료도 진료지만 심리적 케어가 중요했다. 그래서 여드름 치료를 진행하면서 그 여고생과 수차례 만날 때마다 심리 치료를 위해 깊이 있는 상담을 했다.

"학생은 여드름 때문에 자존감이 많이 떨어진 것으로 보여요. 원장님을 믿고 따라오기만 하면 여드름은 치료가 되니 안심하세요. 학생은 대인기피증, 우울증을 이겨내도록 노력하세요. 아시겠죠?"

사춘기에 접어들면 호르몬의 영향으로 피지 분비가 많아지게 된다. 피지는 흔히 땀구멍이라고 알려져 있는 모공을 통해 피부 바깥으로 배출된다. 이때 좁은 모공으로 과도한 피지가 원활히 배출되지 못해 쌓여서 고이면 여드름이 생기게 된다. 보통은 사춘기 때 어느 정도 여드름이 생겼다가 자연스럽게 없어지기도 하며, 비교적 초기단계의 여드름은 관리만 잘 해줘도 호전될 수도 있어 심리적인 위축이 적은 편이다.

하지만 여드름의 발생 면적이 넓어지고 염증 반응도 심한 단계에 이르면 사정이 달라진다. 심리적인 스트레스가 여드름 생성을 더욱 촉진시킨다. 이때 적극적으로 치료를 해야 하는데 여드름 때문에 자신감이 떨어지면서 바깥에 나가기 싫어진다. 그러다 집안에서 손으로 짜내거나 임의로 약물을 바르는 이른바 '은둔형 자가치료'의 유혹에 넘어가버리고 만다.

손으로 짜다가 피부가 패는 흉터가 생기게 되면 시간이 지나도 자연적으로 치유되기 힘들뿐만 아니라 가중된 스트레스로 인해 여드름이 더 심해지는 악순환을 겪기 쉽다. 특히, 여드름으로 생긴 자국이나 흉터를 계속 방치할 경우 넓어진 모공과 함께 지속적인 피부 트러블에 시달릴 수도 있다.

수개월 간 그 여고생의 여드름 치료가 이어졌고, 결과는 매우 흡족스러웠다. 그 간 진료실에서 만난 여고생은 조금씩 변해가고 있었다. 여드름이 점차 사라지면서 여고생이 고개를 푹 숙이는 습관이 사라져갔다. 내 얼굴을 정면으로 바라보는 시간이 늘었다. 이와 함께 눈빛을 반짝이면서 자신 있게 미소를 짓는 여유를 보였다. 이렇게 해서 마지막 진료를 끝낸 날, 그 여고생의 뺨에서 여드름 흔적을 전혀 찾아 볼 수 없었다.

진료를 끝낸 날, 그 여고생에게 여드름 예방 습관을 잘 지키라고 말해주었다. 먼저, 스트레스와 과로를 피하고 세게 잦은 세안을 하지 말라고 했다. 다음 여드름에 좋은 음식으로 가공이나 도정이 덜 된 거친 곡류, 채소와 해조류, 식이섬유가 풍부한 저혈당지수 식품을 섭취하도록 했다. 고혈당지수 식품은 여드름을 악화하는 남성 호르몬을 증가시키니 삼가도록 했다. 이와 함께 화장품을 주의해서 사용하도록 했다. 화장품이 피부에 닿는 시간을 최소화하며 화장했을 때 세안 시 깨끗이 지우도록 했다. 특히, 자외선 차단제로 인해 여드름이 심해지므로 자외선 차단제를 발랐을 때는 더욱 세안을 꼼꼼히 하라고 했다.

수개월 뒤 이 여고생은 밝은 얼굴로 설레임피부과에 찾아왔다.
"거울 속의 내 얼굴을 볼 때마다 너무나 행복해요. 자존감을 되찾으면서 친구들도 많이 사귀게 되었어요. 여드름 때문에 휴학까지 고민했던 내가 이렇게 변할 수 있다는 게 너무 신기하고 감사해요."

진심이 소개환자를
불러들인다

"원장님 잘 지내시죠?"

다른 병원에서 리프팅 수술을 받은 부위에 부작용이 생겨서 설레임피부과에서 재시술을 받았던 쇼호스트 환자였다. 내가 반갑게 말했다.

"아, 오랜만이에요. 그동안 건강히 잘 지내셨나요?"

그 환자는 방송인 특성상 탄력있는 얼굴을 위해 다른 곳에서 리프팅 시술을 받았다. 그런데 부작용에 시달려야했다. 내가 그 환자를 재치료해 줬고, 그 환자는 부작용 없이 멋진 모습으로 방송을 타고 있었다. 그 환자가 밝은 목소리로 말했다.

"원장님 덕에 이제는 시술한 곳 걱정이 안 돼요. 이제는 정상적인 생활이 가능하네요. 오늘 전화 드린 이유는 환자를 소개해드릴까 해서요. 내 조카가 배우 준비 중인데 자신도 피부 관리를 받고 싶다는 거예요. 그래서 내가 설레임피부과를 소개해줬어요. 상담을 잘 해주실 거죠?"

"네, 고맙네요. 친절히 상담을 해드리니 언제든 방문해 주라고 하세요."

모 내원 환자가 지인을 소개해준 사례다. 소개 환자가 많을수록 그만큼 병원이 안정적으로 잘 운영이 된다고 볼 수 있다. 병원 경영이 잘 되려면 꾸준히 환자들이 내원해야한다. 환자는 병원에서 만족스러운 경험을 할 때 기꺼이 지인에게 소개를 해준다. 좋은 정보이기에 자기만 알고 있기가 아깝고, 또 지인에게 좋은 정보의 혜택을 제공하려는 선의가 있기 때문이다.

만약, 당신이 맛집 단골이라고 하자. 그러면 그곳을 혼자만 다니고 말 것인가? 그렇지 않다. 맛집은 좋은 정보이기에 지인에게 소개를 해주게 된다. 그리고 지인들이 맛집에서 좋은 경험을 하길 원한다. 이렇게 해서 맛집 단골은 스스로 맛집 홍보대사가 되어 지인에게 맛집을 소개를 해준다. 그 결과 소개 고객들이 꼬리에 꼬리를 물고 방문하게 된다.

설레임피부과도 이와 같다. 우리 피부과를 찾은 환자들은 지인을 많이 소개해주는 편이다. 맛집처럼 설레임피부과에서 만족스러운 경험을 했기 때문이다. 그래서 한번 내원한 환자들은 지인들에게 소개해주는 것을 당연하게 여기는 듯하다. 가족은 물론, 친구, 이웃, 직장동료들을 자신 있게 소개해주고 있다. 환자를 유입시키려면 막대한 비용을 투자해 광고 홍보를 해야 하지만 설레임피부과는 그럴 필요가 없다.

잘되는 병원들은 단골이 많은데, 이 단골들의 소개환자가 꽤 많은 편이다. 잘되는 병원은 매번 신규 환자를 유입시키려고 막대한 홍보비를 쓰지 않는다. 만족 경험을 한 환자들이 전도사가 되어 병원을 홍보시켜주기에 소개환자들이 내원하게 된다. 그래서 잘되는 병원은 소개환자 비율이 높다.

소개환자가 많으면 그만큼 홍보비가 절감이 되는 측면이 있다. 고객이 만족 경험을 하면 스스로 알아서 지인 소개를 해준다. 그래서 환자를 유입하는데 쓸데없이 홍보를 할 필요가 없다. 환자 한명 한명에게 최상의 만족 경험을 선사해주기만 하면 된다.

설레임피부과에서는 어떻게 환자에게 만족 경험을 선사하고 있을까? 원장님의 풍부한 임상경력과 수술 실력이 중요하다. 이와 함께 직원들의 친절한 응대 매뉴얼이 중요하고, 사후 관리 또한 중요하다. 이보다 더 중요한 것이 있다. 그것은 바로 '진심'이다. 진심으로 환자 입장을 헤아리고 배려하면서 환자를 아름답게 만들고자 해야 한다.

그러기 위해서는 환자를 언니, 동생처럼 인간적으로 대해야한다. 잠깐 진료를 하고 나면 잊혀버리는 관계가 되지 말아야한다.

나와 직원들이 진심을 가지면, 환자들은 곧장 알아차린다. 아무리 바쁘더라도 진심을 갖고 대하면, 환자들은 그것을 알아본다.

'원장님이 내가 통증이 심하다고 하니까 진짜로 고민해주시는 것 같아.'

'나이대가 비슷한 원장님이라서 그런지 마음이 잘 통하네.'

'마취하기 전에 걱정하지 말라고 엄마처럼 다정스럽게 말씀하시네.'

'수술 후 6개월이 지났는데 수술 부위가 어떠냐며 전화를 주다니, 참 고맙네.'

이렇게 해서, 환자들은 알아서 설레임피부과의 홍보대사 되어주고 있다. 많은 소개환자를 설레임피부과로 보내주고 있다.

모 자동차 세일즈 왕에 대한 방송을 본 적이 있다. 그는 한두 해도 아니고 무려 13년 동안 판매왕의 위업을 달성했다. 고객을 응대해야하는 점에서 그 판매왕과 설레임피부과는 같은 입장이다. 그 판매왕의 비결이 궁금했다. 과연, 아나운서 뺨치는 언변, 출중한 외모, 탄탄한 인맥, 판매 기술 중에서 어떤 것이 그 비결일지 알아보고 싶었다. 방송이 어느 정도 진행될 때쯤, 진행자가 그에게 판매왕의 비결을 물었다.

"자동차 판매왕이 될 수 있는 비결이 뭡니까?"

판매왕이 이외의 대답을 했다.

"언변이나 인맥, 판매기법은 중요하지 않습니다. 중요한 것은 오직 고객의 마음을 생각하고, 고객에게 도움을 주고자 하는 진심입니다. 진심이 지금의 저를 만들었습니다."

이 판매왕 역시 설레임피부과처럼 진심을 중요시하고 있었다. 외형적인 서비스 제스처보다는 고객 마음을 헤아리는 진심을 우선시해야한다. 진심을 갖고 고객을 대하노라면, 새 환자 유입 걱정을 할 필요가 없다. 소개환자들이 끊임없이 찾아오기 때문이다.

03

직원은 미션 동반자

동반자 직원과
미션을 공유하라

국내 다섯 손가락 안에 드는 병원을 아는가? 2021년 기준 미국 시사주간지 뉴스위크의 '2021 세계 병원순위(World's Best Hospitals 2021)'에 따르면 서울아산병원, 서울대학교병원, 삼성서울병원, 신촌세브란스병원, 분당서울대학교병원이다. 이 병원들은 경영, 채용과 인사, 조직문화, 진료와 서비스, 마케팅 등 모든 면에서 탁월한 경쟁력을 가지고 있다. 나는 이들 병원의 결정적인 성공 요소에 대한 호기심이 들어 검색해서 살펴보았다.

공통점을 발견할 수 있었다. 하나같이 뚜렷한 미션을 가지고 있었다. 이들 병원을 살펴보면, 미션은 병원 홈페이지에 거창하게 장식용으로 진열하는 게 아니었다. 실제 병원 경영을 할 때 전 직원을 일사분란하게 움직이게 하는 원동력이 되고 있었다. 국내 5대 병원의 미션은 이렇다.

'끊임없는 도전과 열정으로 높은 수준의 진료, 교육, 연구를 성취함으로써 인류의 건강한 삶에 기여한다.'

— 서울아산병원

'서울대학교병원은 세계 최고 수준의 교육, 연구, 진료를 통하여 인류가 건강하고 행복한 삶을 누릴 수 있도록 한다.'

— 서울대학교병원

'우리는 생명존중의 정신으로 최상의 진료, 연구, 교육을 실현하여 인류의 건강하고 행복한 삶에 기여한다.'

— 삼성서울병원

'하나님의 사랑으로 인류를 질병으로부터 자유롭게 한다.'

— 신촌세브란스병원

'세계 최고의 교육·연구·진료를 통하여 인류가 건강하고 행복한 삶을 누릴 수 있도록 한다.'

— 분당서울대학교병원

미션은 자칫 비전과 혼동될 수 있다. 일부 병원에서는 이 둘을 혼동해서 사용하거나, 미션을 도외시하고 비전만을 거창하고 내세우는 일이 있다. 미션(Misson)은 조직의 존재 이유이며, 조직의 정체성을 말하는데 시간이 지나도 불변하는 철학이다. 비전(Visson)은 기업의 장기적인 목표와 방향을 말하는데, 5~10년 내에 도전하여 달성하고자하는 기업의 미래 모습이다. 여기서 중요도 면에서 앞서는 것이 미션이다.

병원은 뛰어난 실력을 가진 의사 혼자만으로 돌아가지 않는다. 직원들이 일사분란하게 성실히 근무할 때 병원이 제대로 돌아가게 된다. 직원들이 자기 역량을 최고로 발휘하면서 근무하게 하려면 5년 뒤, 10년 뒤 달성하겠다는 특정 목표보다 지금 당장 일을 할 때 동기부여가 되는 미션이 중요하다. 미션이 직원으로 하여금 회사에 대한 주인의식과 자부심을 고취시켜주기 때문이다.

서울아산병원의 미션을 보면, '도전', '열정' 그리고 '높은 수준의 진료, 교육, 연구'가 눈에 들어온다. 이 병원은 도전과 열정, 높은 수준의 진료, 교육, 연구를 중시하는 조직문화가 있음을 추론할 수 있다. 직원들은 이런 생각을 할 것이다.

'최고가 되기 위해 매일같이 열정적으로 도전하자.'

신촌세브란스병원 미션의 경우, '하나님의 사랑'이 큰 울림으로 다가온다. 기독교 재단의 병원답게 하나님의 사랑과 의료 헌신을 강조하고 있다. 직원들은 이런 생각을 하지 않을까?

'환자들에게 하나님의 사랑을 실천하도록 노력하자.'

이렇게 직원들이 미션을 자기 것으로 수용할 때, 비로소 직원들에게 주인의식과 자부심이 싹튼다. 그러면 일일이 원장이 지시하거나 지적하지 않아도 직원이 스스로 알아서 자기 일을 책임지고 해낸다. 직원들은 돈을 벌기 위해서만 병원에 출근하는 게 아니라, 미션을 수행하는 보람을 얻기 위해서 병원을 출근한다. 그 미션은 병원 원장만의 것이 아니라, 원장은 물론 직원 전부의 것이다.

'피부주치의로서 아름다움을 위한 피부 케어는 물론 마음까지 케어한다.'

이는 설레임피부과의 미션이다. 이 미션이 내 머리 속에서만 메아리치면 아무런 의미가 없다. 나는 평소 직원을 미션 동반자로 여기고 있기에, 이 미션이 전 직원들과 공유가 되어야한다고 생각한다. 그래서 자주 이 미션을 언급하면서 미션 추구를 제안한다. 그리고 직원들과 회의를 할 때마다 이 미션을 반복해서 강조하고 있다.

"우리의 미션은 '피부주치의로서 아름다움을 위한 피부 케어는 물론 마음까지 케어한다'입니다. 잘 아시죠? 이것만 잘 알고 있다면 여러분들이 맡은 일을 잘 해주리라 믿습니다."

이 미션이 직원들의 것이 되기 위해서, 나는 특별히 솔선수범하고 있다. 환자와 상담을 하고 진료를 볼 때 실제 환자의 마음을 치료하는 진정성 있는 자세를 실천하고 있다. 내가 환자 한명 한명의 마음을 세세히 신경 쓰고 어루만져 주면서 진료를 하는 모습이 직원들의 머리에 각인이 되도록 하고 있다. 원장이 말로만 미션을 떠벌린 채 환자 마음을 제대로 돌보지 않는다면, 직원들이 미션을 도외시하기 때문이다.

설레임피부과 직원들은 미션을 자기 것으로 생각하고 근무하고 있다. 그래서 사람들을 아름답게 하고, 환자의 마음까지 치유한다는 미션이 직원으로 하여금 주인의식과 자부심을 불러일으키고 있다. 미션에 의해 동기 부여가 된 설레임피부과 직원들은 매일 미션 수행을 위해 설레는 마음으로 출근하고 있다. 미션을 직원과 공유하면, 미션이 직원을 춤추게 한다.

존댓말로
직원 존중하기

주위의 원장님들은 하나같이 직원을 구하기가 하늘의 별따기처럼 어렵다고 아우성이다. 보통 직원들은 잘 다니던 병원을 어느 순간 그만둬버리는 일이 많다. 그러면 빈자리를 새로 채울 직원을 구해야 하는데 그게 정말 쉽지가 않다. 가까스로 적합한 직원을 구했다 해도 그 직원이 언제 그만 둘지 모르기 때문에 걱정이 적지 않다.

왜 이런 일이 벌어지는 걸까? 원인이 직원에게 있을까? 원장님에게 있을까? 간호사 카페에 올라온 글을 보면, 이런 하소연이 눈에 뜨인다.

"아무리 일이 적고 돈을 많이 줘도 원장님이 저희를 무시하고 함부로 대하면 모든 게 싫어져요."

"원장님이 우리를 소모품으로 생각하는 것 같아서 참을 수 없어서 그만두게 되었어요."

이는 병원 직원들의 솔직한 심정을 말하고 있다. 직원들은 박봉 때문에, 일이 많아서 갑자기 그만두는 것도 있겠지만 원장과 수직적인 관계로 인해 생기는 심리적 고충 때문에 그만두는 비중이 상당히 많다. 실제로 한 지인 피부과의 경우, 최고의 연봉을 제시하는 것은 물론 인센티브 및 안식월 등을 파격적으로 제공하고 있다. 이렇게 조건이 좋은 곳이지만 직원들이 그만두는 일이 많다. 그 이유는 원장이 직원을 존중하지 않기 때문이다.

설레임피부과에는 장기 근속자가 많은 편이다. 직원이 갑자기 1~2년 미만으로 그만두는 일은 찾아보기 힘들다. 그래서 직원 구하는 문제로 고민을 덜 하고 있다. 직원들은 척척 맡은 일을 책임감 있게 해주고 있다. 이는 직원들이 자신이 존중받고 있다는 것을 알고 있기에 가능한 일이다. 실제로 나는 직원들과 가족 같은 관계를 유지하고 있다. 이를 위해 내가 제일 신경 쓰는 부분은 존댓말이다.

원장으로서 실수를 하거나, 지각을 한 직원에게 존댓말을 하기란 쉽지 않다. 하지만 나는 어떤 상황에서도 직원에게 깍듯이 존댓말을 하고 있다. 화가 나는 상황에서 막상 존댓말을 쓰면, 흥분이 가라앉혀지는 효과가 있다. 그래서 존댓말을 입에 달고 다니다 보면, 화를 내는 일이 거의 없다. 이성적으로 대화를 주고받는 식이 된다. 직원 역시 원장이 존댓말을 사용하여 대화하면서 자신의 문제를 지적해줄 때, 스스로 자신의 잘못을 깨닫고 더욱 성실히 근무하도록 분발하게 된다.

이와 더불어 유능한 직원을 잘 길러주어서 설레임피부과에 보내주신 직원 부모님에게도 많은 신경을 쓰고 있다. 어버이날에는 직원 부모님을 이벤트 가격으로 시술을 해드리고 있으며, 직원 집안의 경조사를 챙겨주고 있다. 이를 통해 직원, 직원 부모님과 끈끈한 관계가 형성되고 있다. 그래서 시골에 계신 한 직원 부모님은 해마다 고구마, 밤 등 직접 기른 농산물을 보내오고 있으며, 퇴사한 직원은 본인이 설레임피부과를 내원하는 것은 물론 가족과 지인들을 설레임피부과에 보내는 일이 흔한 일이다.

한번 설레임피부과 직원이 되면 영원한 설레임피부과 직원이 된다. 보통의 피부과의 경우, 아무리 직원이 책임감 있게 근무를 하더라도 퇴사를 하면 끝이다. 더 이상 전 직장과의 교류가 이어지지 않는다. 설레임피부과 직원은 그렇지 않다. 퇴사한 이후에도 나와의 유대관계가 계속해서 이어지고 있다.
결혼하면서 퇴사한 모 팀장은 나와 육아 정보를 교환해오고 있다.
"원장님, 아기에게 어떤 분유를 먹이면 좋을까요?"
이에 나는 육아 선배이자 인생 선배로서 좋은 정보를 알려줬다.

그러자 직원은 퇴사한지 7년이 넘게 내 생일을 챙겨주고 있다.

퇴사한 모 실장은 나와 투자 정보를 공유하고 있고, 퇴사한 모 직원은 설레임피부과 마케팅을 모니터 해주는 역할을 해주고 있다.

부원장으로 근무하다가 새롭게 개원한 원장님 역시 거리낌 없이 도움을 요청했다.

"원장님, 이 원장이에요. 문제가 하나 생겨서 그런데요. 문제 해법을 찾지 못하고 있어요. 원장님께 여쭤보려고요."

"그거야 뭐 어렵지 않죠. 어떤 문제가 생긴 거예요?"

다른 곳으로 이직한 직원이 전화를 주는 것도 흔치 않은 일인데, 이직한 피부과에서 생긴 문제의 해법을 알려달라고 하는 것은 결코 쉬운 일이 아니다. 그런데 나는 당연하다는 듯이 받아들였고 전 부원장에게 솔루션을 친절히 알려주었다.

"존중은 모든 인간관계와 사회생활의 기반이며, 직원 몰입의 필수 조건이다. 존중이 없는 관계는 유지될 수 없다. 어떤 사람을 존중하면 그 사람에 대한 몰입도도 높아지고, 존중하지 않게 되면 그 사람에게서 멀어진다. 자신이 존중하지 않는 사람이나 팀, 조직에 헌신하는 것은 불가능에 가깝다."

직원 몰입 및 이직 방지 분야 최고 권위자 폴 마르시아노의 『존중하라: 존중받는 직원이 일을 즐긴다』에 나오는 글이다. 이에 따르면 직원 존중을 할 때 일에 대한 몰입도가 높아지고 소통이 잘되며 그 결과 이직 문제가 생기지 않는다고 한다. 이는 요즘 직원 구하기 어려워하고, 직원 이직으로 골머리를 앓고 있는 원장님들이 잘 기억해야할 것이다.

직원들이 오래 근무하고, 최고의 역량을 발휘하게 하려면 직원을 존중해야한다. 직원이 존중받으면 직원의 만족도가 높아지며, 이는 곧 고객 만족도의 상승으로 이어진다. 원장이 일일이 신경 쓰고 체크하고 독려하지 않아도, 존중받은 직원은 스스로 알아서 고객만족을 위해 최선을 다한다. 존댓말로 직원 존중하기는 선택 사항이 아니라 필수 사항이다.

올바른 직원 채용
원칙 6가지

"직원 세 명이 동시에 그만둬버렸어요. 이런 낭패가 있을 수 있나요?"

한 지인 피부과 원장의 하소연이다. 그는 경기권에 새로 병원을 개원한 후 일 년 만에 탄탄하게 자리를 잡았다. 연락이 없는 사이에 병원이 잘 나가는 줄로만 알았다. 그런데 어느 날 내게 고민을 털어놓았다. 아직 개원 초기인 그 원장은 직원 채용에서 시행착오를 겪고 있었다. 그에게 어떤 일이 있었냐고 묻자 이런 답이 나왔다.

"일 잘하는 직원의 소개로 직원 둘을 채용했거든요. 근데 그 직원이 저와 트러블이 생겨서 그만두자 소개로 들어온 직원 둘이 함께 나가버리더라구요. 병원이 마비가 될 정도로 엄청 큰 타격이 오네요."

나 역시 개원 초기에는 직원 채용 문제로 숱하게 많은 시행착오를 겪었다. 지인 원장이 겪었던 문제도 내가 경험한 바 있다. 아무래도 피부과 특성상 환자를 몰고 다니는 경력 실장 채용이 매우 중요하다. 어떤 실장을 채용하느냐가 곧바로 피부과의 매출을 좌지우지할 정도다. 그래서 경력이 많은 상담실장을 어렵사리 구했다. 그 다음, 다른 직원은 실장으로부터 손발이 잘 맞는 직원을 소개받는 게 좋겠다는 생각이 들었다. 그러면 직원을 구하느라 고생할 필요가 없어서 좋았다.

이렇게 해서 실장과 그의 친한 지인 직원들이 채용되어 일하게 되었다. 그들은 서로 잘 아는 사이이기 때문에 피부과 업무가 잘 돌아갔다. 그런데 몇 달 후 문제가 터졌다. 그 실장이 다른 곳으로 스카우트되어 이직하고 만 것이다. 그러자 그가 데리고 온 직원도 그만둬버렸다. 그 결과로, 일시에 피부과는 블랙아웃이 되는 것 같았다. 새로 직원을 채용하느라 한 달간 엄청 고생을 했고, 직원들은 빈자리를 채우려고 두 사람 몫을 하느라 진이 다 빠지고 말았다.

이 경험을 통해 이제는 웬만하면 직원의 지인을 잘 뽑지 않는다. 문제가 생기면 다 나가버리는 것을 방지하기 위해서다. 그리고 애초에 새로 직원을 뽑을 일이 생기지 않도록 노력하고 있다. 자꾸 직원이 그만 둘수록 그만큼 직원 채용을 할 일이 많이 생긴다.

설레임피부과에서는 직원이 오래 근무하는 분위기를 만들고 있다. 따라서 한번 직원을 뽑을 때 신중하게 잘 뽑고, 일단 뽑은 후에는 이 직원이 최고라고 생각하고 그 직원이 역량을 잘 펼칠 수 있도록 배려하고 있다. 새로 채용한 직원에게 결격 사항이 발견되더라도 함부로 그만두게 하는 법이 없고, 그 직원의 문제점을 잘 고쳐서 근무하도록 유도하고 있다.

특히나, 직원들은 원장의 질책을 큰 고충으로 여기고 있기 때문에 되도록 삼가고 대화로 풀어가려고 노력하고 있다. 그러면서 직원의 과오 자체에 초점을 두고 그것의 시정을 요구하는 대신 절대 사람에 대해서 나무라지는 않는다. 내가 직원 채용을 할 때 중시하는 '올바른 직원 채용 원칙 6가지'가 있다. 이를 참고해, 직원 이직율을 줄이고 직원의 역량을 최고치로 끌어올려보자.

첫 번째, 설레임피부과 미션에 대한 열의를 파악하라. 설레임피부과의 직원은 미션 동반자이다. 직원에게 설레임피부과는 단지 돈을 벌기 위한 곳이 아니라 함께 미션을 성취하여 자아실현을 하는 곳이다. 따라서 직원 채용시, 설레임피부과의 미션에 대한 열의를 잘 파악하고 있다. 채용한 직원이 아무리 유능하더라도 미션에 대해 무관심하고, 미션을 자기 것으로 승화하지 못한다면 그 직원은 진정한 동료라고 볼수 없다. 이런 직원은 장기적으로 볼 때 큰 성과를 내기 어렵고 도중에 하차할 가능성이 매우 높다.

따라서, 면접시 사람에 대한 태도를 우선시한다. 설레임의 미션을 실현할 수 있는 능력은 사람에 대한 태도에서 나오기 때문이다.

두 번째, 철저히 연고주의를 배제하라. 우리나라 사람은 연고주의에 약하다. 따라서 상당수 원장은 직원을 채용할 때 같은 고향, 같은 대학 출신, 같은 종친을 우선시 하는 경향이 있다. 이는 아마추어다. 병원이라는 의료 서비스를 제공하는 사업장에서는 이를 배제해야 한다. 그래야 유능한 직원을 뽑을 수 있고, 그 직원은 엄격하고 성실하게 맡은 일을 한다.

세 번째, 직무 능력이 우수한 직원을 뽑아라. 직원 채용 시, 유명한 출신학교 혹은 훈훈한 외모, 봉사활동, 직원 소개 등이 원장의 마음을 흔들리게 한다. 실제로 명문대 출신이라는 이유로, 외모가 좋다는 이유로, 직원이 소개했다는 이유로 채용되는 일이 비일비재하다. 하지만 기억하라. 우리나라 500대 기업은 채용 시 오로지 직원의 직무 능력을 최우선으로 고려하고 있다.

네 번째, 과거 병원에서의 소문은 참고만 하라. 소문은 소문일 뿐이다. 과연 한 직원에 대한 나쁜 소문의 원인이 그 직원에게 있는지, 아니면 병원에 있는지는 파악하기 어렵다. 직원도 인간인지라, 그와 인간적으로 잘 맞는 원장이 있고 그렇지 않은 원장이 있을 수 있다. 그러니 소문은 참고만하라.

다섯 번째, 장기 근속자를 우선 뽑아라. 한 곳에 오래 근무한 직원은 확실히 다르다. 분명한 것은 직원에게 어떤 악조건이 닥쳐도 쉽사리 그만 두는 일이 적다는 것이다. 이런 직원은 대개 책임감이 높다. 그리고 이런 직원 한명이 있음으로 해서, 다른 직원까지 오래 근무하는 분위기가 형성된다.

여섯 번째, 업무 분담을 명확히 하라. 직원들이 예민해하는 부분이다. 직원들은 다른 직원들과 비교를 하기 때문이다. 자신은 다른 업무까지 하는데 다른 직원이 그렇지 않으면 힘이 빠진다. 직원을 뽑을 때 해야 할 일을 명확히 정해주는 게 좋다. 그리고 이는 채용 후에도 반드시 지켜줘야 한다. 직원들은 자신이 해야 할 일만 하고 싶지, 다른 직원의 업무까지 하고 싶어 하지 않는다.

직원 사기를 높이는 인센티브

"독서하는 시간을 늘리면 원하는 선물을 사줄게."

첫째 유빈이에게 내가 말했다. 유빈이가 최근 들어 많은 시간 게임을 하는 듯했다. 처음에는 게임을 많이 하지 말고 책을 읽으라고 타이르거나, 게임을 너무 많이 하면 혼낸다고 했다. 그게 먹히지 않았다. 그래서 생각해낸 것이 당근요법이었다. 효과는 대만족이었다. 유빈이는 게임하는 시간을 대폭 줄였으며, 남는 시간에 책을 읽었다.

상대에게 원하는 행동을 이끌어내기 위해 제시하는 당근은 경제 용어로 인센티브라고 한다. 인센티브는 상상 이상으로 많은 효과를 내고 있다. 그 한 예로 우리나라가 쓰레기 종량제로 환경문제를 개선한 것을 들 수 있다. 과거에는 각 가정에서 쓰레기를 많이 버리든 적게 버리든 똑같은 수거료를 냈다. 그런데 쓰레기봉투를 구입해서 사용하게 되자, 수거료를 줄이기 위해 쓰레기 배출량이 줄어들었다. 10년 만에 서울시의 쓰레기 배출량이 27%가 줄어들었다.

만약, 정부가 시민의식에 호소하여 쓰레기 배출량을 줄이자고 해도 이렇게 쓰레기 배출량을 줄일 수 있었을까? 그렇지 않다고 본다. 오직 인센티브만이 시민으로 하여금 쓰레기를 많이 버리는 행동을 교정하게 만들 수 있었다.

마트에서도 인센티브의 강력한 효과를 볼수 있다. 마트에서는 고객이 사용한 후에 먼 거리에 그냥 내버린 카트 때문에 골머리를 앓았다. 별도로 카트를 수거하는 아르바이트생을 고용해야했다. 마트에서는 인건비 지출이 생기는 손해가 아닐 수 없다. 이 문제는 고객이 카트를 이용하기 위해 100원을 지불하도록 함으로써 해결했다. 고객은 카트 사용 후 보관대에 반환해야 100원을 돌려받을 수 있었다. 이렇게 하자, 고객은 100원을 돌려받기 위해 아무리 먼 거리로 카트를 끌어갔어도 다시 보관대로 반환했다. 이는 100원이라는 인센티브의 위력이 아닐 수 없다.

1981년 노벨 경제학상 수상자인 제임스 토빈은 말했다.
"경제는 한마디로 인센티브다."
시카고 대학교 경제학과 교수인 스티븐 레빗은 말했다.

"인센티브는 현대의 삶을 지탱하는 초석이며 모든 수수께끼를 푸는 열쇠다"

인센티브는 우리 삶, 경제에 지대한 영향력을 발휘하고 있다. 특히나 기업체의 경우, 인센티브가 직원들의 사기를 진작시키고 근무 열의를 독력하는 데 큰 기여를 하고 있다. 급속하게 성장한 알리바바의 성공 요인도 알고 보면, 인센티브다. 최근의 한 신문 기사를 보면 알리바바는 직원들에게 2조원대를 썼다고 공개하고 있다. 엄청난 인센티브를 받은 직원들이 지금의 알리바바를 만들었으며, 앞으로도 더더욱 알리바바를 위해 땀 흘려 일할 것이 분명하다. 더 많은 인센티브를 받기 위해서 말이다.

설레임피부과에서는 직원 보상체계에 인센티브를 적극 활용하고 있다. 인센티브는 직원들에게 강력히 행동 유인책이 되고 있는 게 분명하다. 직원들과 함께 피부과를 운영하다보니 이 점을 똑똑히 체감하고 있다. 최선을 다하라는 백 마디 말보다, 인센티브라는 당근을 제시하는 게 직원들의 사기를 높이고 성실히 일하게 하는 데 매우 효과적이다.

설레임피부과는 인센티브를 많이 주고 있지만 기본급은 여느 피부과와 동일하다. 그래서 직원 면접 시, 지원자에게서 이런 반응이 생기곤 한다.

"차라리 기본급을 5만원 인상해주세요."

그러면, 나는 이런 말을 한다.

"우리 피부과를 다녀보시면 알겠지만, 매달 5만원 이상 인센티브를 받는 직원 많아요. 수십만 원의 인센티브를 꼬박꼬박 받는 직원들이 여럿 있습니다. 지원자님처럼 뛰어난 경력을 갖고 계신분이라면 틀림없이 많은 인센티브를 받을 것이라 봅니다."

설레임피부과에서는 일간, 월간, 년간 단위의 인센티브를 연차별, 직급별로 지급해오고 있다. 우선 매일 매출 목표액을 설정하고 이를 달성하면 직원들에게 인센티브를 주고 있다. 직원들은 어느 날은 열심히 하는 반면 또 어느 날은 조금 느슨해지기 쉽다. 이를 방지하고, 매일같이 타이트하게 일에 매진하도록 일간 목표 달성시 인센티브를 주고 있다.

그리고 월간 매출을 달성 시 직원들에게 인센티브를 제공하고 있다. 아무래도 어느 달은 비교적 쉽게 매출을 많이 올리는 일이 있는 반면에 어느 달은 매출이 잘 오르지 않는 달이 있기 마련이다. 그렇다고 마냥 매출이 적은 달은 그냥 지나가게 해서는 안 된다. 이를 방지하고 반드시 매출을 달성하기 위해, 월간 목표 달성 시 인센티브를 주고 있다.

월간 인센티브를 받은 한 직원은 이렇게 말한다.

"이번 달은 첫 주부터 확연히 고객 수가 줄어들어서 걱정이 컸어요. 이주, 삼주차가 되도 나아지지 않더라구요. 그런데 저희가 최근

연달아 월간 매출액을 달성했기에 이달에도 꼭 매출액을 달성하고 싶었어요. 그래서 고객들의 입장에서 다양한 아이디어를 냈고 그 결과 이번 달도 매출액을 채울 수 있었어요."

이와 함께 년간 매출을 달성 시 인센티브를 주고 있다. 설레임피 부과의 년간 목표 매출액은 빠르게 올라가고 있다. 이는 년간 목표 달성시 인센티브를 받게 되는 직원들이 협력해서 열정적으로 일을 했기 때문이다. 매년 꾸준히 올라가는 매출 목표액만 보더라도 인센티브의 효과가 얼마나 큰지를 짐작할 수 있다. 인센티브로 직원들이 해외여행을 다녀오기도 한다.

나는 직원들에게 이렇게 독려하고 있다.

"얼마 전에 어렵게 여겨졌던 목표를 이루어냈어요. 이제 우리는 더 큰 목표를 이룰 날이 머지않았다고 봅니다. 더욱 분발해서 근무해주시길 바랍니다. 항상 목표를 달성한다면 그 혜택이 여러분들에게 다 돌아갈 거예요. 여러분은 최고의 대우를 받게 될 자격이 충분합니다."

유의해야할 점은 많은 인센티브를 준다고 해서 직원들을 마냥 풀어줘서는 안 된다는 것이다. 인센티브를 위해 열심히 일하는 직원이 있는 반면 그렇지 못한 직원도 생긴다. 불성실한 직원들이 근무 분위기를 망칠 수 있다. 때문에 신상필벌의 원칙을 지켜야한다. 지각한 직원, 불친절한 직원, 사고를 낸 직원에게 따끔하게 훈계를 하는 것은 물론 인사고과 점수를 감점한다. 이렇게 할 때, 열심히 일하는 직원은 더욱 열심히 근무하게 되고, 또 불성실한 직원은 반성하고 성실하게 일하게 된다.

직원 교육에
아낌없이 지원하라

"르언스 니이 허언 까오씨잉. 니인 꾸우이씨잉?"

직원들이 다 함께 중국어 강사의 말을 따라했다.

"르언스 니이 허언 까오씨잉. 니인 꾸우이씨잉?"

중국어 강사가 말했다.

"잘 따라 했어요. 이 말의 뜻은 '만나서 반갑습니다. 성함이 어떻게 되십니까?'예요. 여기 책의 나온 문장을 잘 기억해두세요."

책에는 '认识你很高兴. 您贵姓?'이라는 문장이 적혀있었다. 직원들은 모두 중국어 공부에 열정적이었다. 이곳은 중국어 학원이 아니라 설레임피부과다. 과거 중국인 의료 고객이 방문할 때, 직원들에게 중국어 교육을 지원해주었다. 중국어 강사를 초빙하여, 직원들에게 중국어 회화를 가르치게 했다. 반응이 매우 좋았다.

"중국어 회화가 꼭 필요했는데 이번 기회에 마스터하고 싶어요."

"중국어를 직장에서 배울 수 있다니 너무 좋아요."

직원들은 서너 달 만에 기초 회화를 능숙하게 해낼 수 있었다. 그러자 중국인 고객이 찾아오더라도 전과 다르게 당황하지 않고 잘 응대할 수 있게 되었다. 직원들은 꾸준히 시간을 내어 중국어 회화 공부를 열심히 했기에 짧은 시간에 큰 발전을 이루어냈다. 회사가 교육을 지원해주자 직원들은 더더욱 중국어 공부에 열심이었다. 이 직원들이 중국인 의료 환자들과 꼭 필요한 대화들을 중국어로 잘 소통을 해주었기에 설레임피부과로서는 큰 소득이 아닐 수 없었다.

병원 경영에서 직원 교육이 중요한 것이 분명하지만 자칫 소홀할 수 있다. 직원 교육을 지원해줄 경제적 여건이 부족할 수도 있고, 또한 직원 교육은 자신들이 알아서 하는 것이라고 치부할 수 있다. 그러면, 단기적으로 병원 경영에서 일정한 성과를 유지할 수는 있어도 중장기적으로 볼 때는 미래가 매우 불투명하다.

직원들은 교육을 통해 성장해가는 데에서 큰 만족과 보람을 얻으며, 이를 통해 업무에서 자기 역량을 최고치로 발휘한다. 그런데 병원에서 직원 교육에 아무런 지원을 하지 않으면, 직원들은 충분히 업무에 몰입하지 못한다. 그 결과, 직원의 생산성이 높지 않기에 차츰 병원의 매출 상승 그래프가 꺾이게 된다. 이런 점 때문에 유명한 기업들은 직원 교육 지원에 발 벗고 나서고 있다. 직원의 성장이 곧 회사의 성장과 직결되기 때문이다.

배달의 민족은 개발 초기에 변변한 사무실조차 없어 카페에서 앱을 개발하고, 발품을 팔아 온 동네 전단지를 수거하여 데이터를 수집했다. 시작은 초라했다. 하지만 지금 배달의민족은 국내 배달앱 1위로 압도적으로 시장을 점유하고 있다. 몇 년 전에는 매출 1조를 달성한 끝에 독일 딜리버리 히러로에게 한화 4조7천억원에 인수되었다.

어떻게 해서 초라한 규모의 벤처가 이런 놀라운 성과를 거둘 수 있었을까? 이는 벤처 기업의 특성상 경영자 한 명만의 능력에 의해 이루어진 게 아니다. 유능한 직원들이 탁월한 실력을 발휘했기에 가능한 일이다. 그렇다면 김봉진 의장은 어떻게 직원들로 하여금 최고의 실력을 끌어올렸을까? 김봉진 의장의 이 말에 답이 있다.

"무제한이라는 게 중요한 게 아니라 자기성장을 위한 책값이란 게 중요해요. 그래서 동화책, 만화책, 잡지는 사내 공론화를 통해 제외하기로 했죠. 아마 우리나라에서 책을 가장 많이 읽는 조직이 아닐까 싶어요. 직원들이 보고 싶은 책을 다양하게 읽었으면 좋겠어요. 대신 암기해야 한다, 책은 소중히 다뤄야 한다, 완독해야 한다는 강박은 벗었으면 합니다."

김봉진 의장은 책을 통해 직원들을 키운다는 철학을 가지고 있다. 자기성장을 위한 책이라면 직원들의 책 구입비를 전액 지원하고 있다. 그래서 회사에서 한달 평균 직원의 책 구입비로 3~4천만원이 들어간다. 이렇게 책을 마음껏 읽을 수 있는 직원들은 업무 역량을 강화하는 것은 물론 다양한 분야에 대한 지식과 교양을 넓힐 수 있었다. 이 과정에서 자신이 성장해가는 것에 만족과 보람을 느낀 직원들은 자신이 가진 모든 것을 회사 발전을 위해 쏟아 부었을 것이다.

이는 직원 교육의 중요성을 잘 말해준다. 직원을 회사에 데려다 놓고 마구 쥐어짠다고 해서 생산성이 높아지는 게 아니다. 직원들이 성장할 수 있도록 교육 지원을 해줄 때 직원 만족도가 높아지는 것과 함께 역량이 높아진 직원들이 우수한 실력을 발휘하게 된다.

설레임피부과에서는 직원 교육에 아낌없이 지원을 하고 있다. 중국어 강사 초빙을 비롯해 직무 관련한 교육은 물론 디자인 박람회, 코스메틱 박람회, 여행 박람회, 세미나, 강의 등에 직원이 참가하는 것을 지원하고 있다. 참가비와 교통비, 식사비를 지원하는 것은 물론 업무에서 빼주기도 한다. 직원들은 자주 내게 어떤 행사에 꼭 참가하고 싶다거나, 어떤 세미나를 듣고 싶다고 의사를 표시하고 있다.

디자이너는 이런 요청을 한다.

"이번 토요일에 디자인페스티벌이 열리는데 참가하고 싶어요. 유명한 디자이너들이 많이 참가하는데 꼭 가서 안목을 넓히고 싶습니다."

신입 코디네이터는 이런 요청을 한다.

"제가 아무래도 뷰티 지식에 대해 부족한 게 많은데요. 이번 주에 열리는 코스메틱 박람회에 참가하고 싶습니다."

마케팅 직원은 이런 요청을 해온다.

"마케팅에 대해 공부를 하고 싶습니다. 이번에 병원마케팅 세미나가 열리는데 참가해보고 싶습니다."

이에 나는 흔쾌히 참가하도록 지원해주고 있다. 직원들이 스스로 실력을 향상하고 싶다고 요청하는 것을 쌍수 들어 환영하고 있다. 교육을 통해 지식과 견문을 넓힌 직원들은 만족감을 갖고 업무에서 자신의 능력을 최고 발휘하기 때문이다. 직원 교육에 투자하는 것에 비례해서 직원들은 높은 생산성을 발휘한다.

서비스 마인드로
무장시켜라

시간이 날 때면 맛집을 찾아다니곤 한다. 가끔 맛있는 음식을 먹노라면 강도 높은 진료로 인해 쌓인 피로를 잠시나마 잊게 된다. 소문난 맛집은 괜히 유명한 게 아니라는 걸 매번 체험한다. 신선하고 고급스러운 재료를 사용하고, 또 오랜 세월에 걸쳐 터득한 레시피를 통해 만들어진 음식은 정말 각별하다. 소문난 맛집은 저마다 차별화된 맛을 내는 메뉴를 통해 전국각지의 고객을 불러 모은다.

한번은 일행과 함께 경기도의 유명한 냉면집을 찾아갔다. 사람들이 긴 줄을 서서 기다리고 있었다. 이십여 분 기다린 끝에 가게 안으로 들어갈 수 있었다. 그런데 직원이 우리 일행을 처음 볼 때부터 딱딱한 표정을 지었다. 그러더니, 내가 다른 추가 메뉴를 시키려고 잠깐 메뉴판을 보고 있으려니 대뜸 빨리 시키라는 신경질적인 말을 내뱉었다. 눈치가 보여 그냥 냉면 세 그릇을 시켰다. 그러자 휙 메뉴판을 빼앗듯이 가지고서는 돌아갔다. 다른 식당에서보다 꽤 시간이 많이 흐른 후, 그 직원이 냉면을 가지고 와 식탁 위에 툭 올려놓았다.

이윽고 우리 일행은 급히 냉면을 먹고는 쫓기듯이 계산대 앞으로 나왔다. 그런데 직원이 누군가와 전화를 하고 있었다. 우리 일행을 앞에 두고서 10여 초간 언성을 높이며 통화를 하다가 마쳤다. 그러곤 기다리게 해서 죄송하다는 말 한마디 없이 카드를 받고 계산 후 돌려주었다. 우리 일행이 문을 열고 나갈 때, 그 직원으로부터 안녕히 가세요라는 목소리를 들을 수 없었다.

그 냉면집의 냉면 맛은 좋았다. 전국각지에서 사람들이 모여들 만 했다. 그런데 직원의 불친절 때문에 다시는 그곳을 찾고 싶은 마음이 들지 않았다. 그 냉면집은 아무리 음식 맛이 뛰어난 식당이라고 해도, 불친절한 직원 때문에 새 고객이 단골이 될 기회를 날려버렸다. 진정으로 유명한 맛집이 되려면 음식맛과 함께 서비스가 최고여야 한다.

그 냉면집을 갔다 온 후로 나는 생각에 잠겼다. 냉면집 직원의 불친절이 나로 하여금 설레임피부과의 직원들을 돌아보게 했다. 과연, 우리 직원들은 어떤가? 내가 아무리 우수한 시술법을 개발하고,

수준 높은 진료를 선보인다고 하더라도 직원들이 불친절하다면 도로아미타불이다. 환자들이 원장인 나에게서 만족스러운 진료를 받았어도, 직원의 불친절을 경험한다면 다시는 설레임피부과를 내원하고 싶은 마음이 들지 않을 것이다.

디즈니랜드의 직원 서비스 마인드 교육 내용에 이런 말이 있다.

"서비스란 100점 아니면 0점밖에 없다. 1점이라도 마이너스가 있으면 그것은 0점이며, 그러면 손님이 떠나버릴 가능성이 크다."

이만큼 서비스가 중요한데, 서비스에는 대충이라는 말이 용납되지 않는다. 특히나 소중한 몸을 의사에게 맡겨 미용 진료를 보러 오는 피부과 환자들에게는 더더욱 직원의 서비스가 중요하다. 고객의 감정 하나하나를 놓치지 않고 잘 캐치 하여, 감동을 줄 수 있어야한다. 직원들이 적당한 선에서 안주해버리는 순간 고객은 감동이 아니라 불만을 경험하게 된다.

"대기실에 있을 때 한 직원이 나에게 진료에 대해 설명해줘서 참 좋았어요. 사근사근하게 말을 걸어오는데 처음 이곳을 왔을 때의 어색함이 사라져버렸답니다. 그 직원 때문에 또 설레임피부과를 오게 되었어요."

"한 직원이 내가 이것저것 자꾸 물어봐도 한 번도 싫은 표정을 짓지 않더라구요. 오히려 웃으면서 친절하게 설명해줬어요. 나 같으면 짜증을 낼 법도 한데요. 그 직원의 환한 미소가 내 발걸음을 이곳으로 끌어당긴 것 같습니다."

"지방에 사는 내가 초행길이라 한 시간 가량 늦었습니다. 그런데 직원이 전화로 친절히 길 안내를 해주고 퇴근 시간을 미뤄가며 기다려 주셨습니다. 직원분들에게 진심으로 감사드려요."

이것은 간혹 고객들로부터 받는 직원에 대한 피드백이다. 정말 친절한 직원 한 명 때문에 고객이 단골이 되는 경험을 자주하고 있다. 직원 한 명이 어떻게 환자를 응대하느냐에 따라 고객이 단골이 되기도 하고, 또 고객이 다른 곳으로 가버리게 만들기도 한다. 직원의 서비스 마인드가 병원의 운명을 결정짓는다 해도 과언이 아니다.

직원이 서비스에서 어떻게 표정을 짓느냐, 어떻게 인사를 하느냐, 전화를 몇 초 내에 받느냐는 것은 부차적이다. 중요한 것은 고객 한명 한명에게 감동을 주겠다는 마음의 자세다. 그러면, 고객 감동을 위해 어떻게 해야 할까? 이에 대해서는 데이비드 프리멘트의 『이런 직원 1명이 고객을 끌어 모은다: 소비자 감동 서비스 실천 노트』의 '고객을 모으는 5가지 마음의 자세'를 참고하자.

고객을 모으는 5가지 마음 자세

❶ 정직하고 개방적으로 대한다. 가령, 진료 수가를 속이려들면 고객과 마음의 벽이 생기고 만다. 최대한 투명하게 진료 수가를 밝히라. 어떤 상황에서든 공평무사하게 고객을 대해야한다.

❷ 반갑고 따뜻하게 맞이한다. 사무적인 인사, 작위적 미소는 무의미하다. 항공사 스튜어스처럼 미소 지으며 인사할 것까지 없다. 중요한 것은 마음으로부터 고객을 기억하고 관심을 갖고 대해야한다는 점이다. 고객이 가까운 지인처럼 되어야한다.

❸ 유연한 자세로 고객의 요구에 응한다. 병원에 정해진 매뉴얼과 규칙이 있기 마련이다. 하지만 고객은 그런 것을 알지 못하기에 강하게 자기 요구를 하는 경우가 있다. 이때, 상황에 맞게 고객 요구를 들어주는 지혜가 필요하다.

❹ 고객의 말은 일단 믿는다. 고객의 말은 유동적인 측면이 있다. 돈을 지불하는 입장인 고객은 책임성 있게 말을 하지 않는다. 하지만 일단 고객의 말을 받아들이는 제스처를 하는 게 좋다. 믿는 만큼 고객은 자신의 말대로 행동한다.

❺ 고객을 위한 것이라면 그 무엇도 아까워하지 않는다. 고객이 전부다, 고객 때문에 나의 존재 이유가 있다는 마인드를 가져야한다. 따라서 직원은 고객을 위해 모든 것을 다 바칠 자세가 되어 있어야한다. 이런 자세를 보일수록 고객은 내원이라는 선물보따리를 푼다.

04

차별화된 마케팅과 시술개발

차별화된 전략으로 포지셔닝하라

사랑하는 사람의 마음속에 자리를 잡는 것

사랑하는 사람의 마음을 움직이는 것

사랑하는 사람이 나를 떠올리는 것

수많은 사람 중 그런 사람을 찾는 것

알듯 모를 듯 아리송한 쉽지 않은 포지셔닝

큐피드의 화살처럼 실수 반복일지라도

열심히 사랑하면 들어갈 수 있을 거야

사랑하는 사람의 마음속으로

시의 한 구절이다. 얼핏 앞부분만 보면 연애시 같아 보인다. 한데 2연 첫 번째 행의 '포지셔닝'이라는 단어가 눈에 들어온다. 그렇다, 이 시는 연애시가 아니라 마케팅 개념을 시로 풀어낸 것이다. 이 시는 세종대 경영대학원 이성훈 교수의 시집 『큐피트의 포지셔닝』에 나온다.

내가 설레임피부과 마케팅을 펼치면서 제일 중요시한 것은 바로 '포지셔닝(Positioning)'이다. 이것의 뜻은 고객의 마음속에 설레임피부과의 차별성을 인식시키는 행위이다. 이를 통해 고객이 내원함으로써 설레임피부과와 고객 사이에 훈훈한 관계가 생기게 된다. 이는 마치 사랑을 쟁취하는 행위와 비슷하다. 그래서 앞의 시처럼 포지셔닝은 큐피트의 화살과 같다. 단박에 사랑의 과녁을 맞추면 좋으려만 그게 쉬운 일이 아니다. 그래서 열심히, 일관되게 사랑하는 사람에게 화살을 쏘아야한다. 이렇게 할 때 사랑을 쟁취할 수 있다. 한눈팔거나 불성실하게 화살을 쏘는 순간 사랑하는 이는 떠나고 만다.

그렇다면 고객의 사랑을 쟁취하기 위해 설레임피부과에서는 어떻게 포지셔닝을 했을까? 설레임피부과는 '피부주치의로서 아름다움을 위한 피부 케어는 물론 마음까지 케어한다'는 미션의 토대 위에 5가지 차별화 전략을 펼쳤다. 이 5가지 차별화 전략을 일관되게, 반복적으로 지속하면서 큐피트의 화살을 고객들에게 쏘았다.

첫 번째는 잘하는 진료를 선택하고 집중하기다. 피부과가 수없이 많고, 매달마다 전국 곳곳에서 피부과가 개원하고 있다. 그런데 그 많은 피부과들이 대부분 비슷하다. 고객을 끌어 모으기 위해 선물상자처럼 많은 진료항목을 내세우면서 덤핑을 한다. 특히나 조금이라도 수요가 있는 진료라면 거의 다 하는 경우가 많다. 이렇게 되다보니 진료의 강점이 잘 드러나지 않는다. 모든 피부과가 대동소이하다.

설레임피부과는 잘하는 것에 선택과 집중을 하기로 했다. 위험하고 부작용 많은 시술은 제외하고 안티에이징과 미백을 집중 진료하기로 했다. 개원 초기에는 선택한 시술의 전문성을 알리기가 어려웠던 게 사실이지만 시간이 흐른 지금은 상황이 달라졌다. 고객들은 안티에이징과 미백을 잘하는 피부과 하면, 설레임피부과를 떠올린다. 이제는 그 진료를 받으러 꾸준히 많은 고객들이 내원하고 있다. 고객은 이것저것 다 진료하는 피부과보다 정해진 몇 개의 진료를 탁월하게 잘하는 피부과를 기억한다.

두 번째는 새로운 시술법 개발하기다. 기존의 시술법에 안주하면 다른 피부과의 경쟁에서 뒤처질 위험이 있다. 시술을 개발하는데 많은 노력을 기울이고 있고, 이를 통해 환자에게 더 나은 시술법을 선보인다는 피부과의 전문성을 잘 구축해야한다. 설레임피부과에서는 다양한 시술법을 개발해왔다. 블루밍셀, 베이비콜라겐주사, 실키

모공주사, 톡톡주사 등이 대표적이다. 현재도 새로운 시술법 개발 중이며, 얼마 후 세상에 나올 것이다. 이는 고객의 입장에서 고객에게 조금이라고 나은 시술을 하기 위한 노력의 일환이다. 고객들은 '실키모공주사', '베이비콜라겐주사' 하면 단박에 설레임피부과를 떠올린다.

세 번째는 검증된 의료기기 사용과 시술하기다. 다른 피부과의 경우, 홈페이지를 들어가 보면 '최신 의료기 도입'이라는 큼지막한 문구가 나오고 또 각종 광고를 할 때도 이 문구를 전면에 내세운다. 전문적인 진료에 대해 잘 모르는 일반인의 입장에서 그 문구가 시선을 끌어당기게 만드는 게 사실이다. '최신'은 곧 좋은 것 나은 것이라고 생각하기 때문이다.

하지만 이는 오해다. 최신 의료기기와 시술의 안정성을 확인하려면 일정 기간 모니터 하는 시간이 필요하다. 이를 무시하고 출시된 지 얼마 안 된 의료기기와 시술을 막바로 사용하는 것은 환자를 임상 실험하는 것과 같지 않을까?

네 번째는 주치의 상담이다. 대부분의 피부과를 가보면, 실장이 상담을 도맡고 원장은 뚝딱 몇분 내에 진료를 끝내는 경우가 많다. 대기하는 환자가 많고, 많은 환자를 받으려다 보니 상담은 상담실장에게 역할 분담하고, 원장은 빠르게 진료를 보고 있는 게 현실이다. 이렇게 되면, 고객이 피부과에 설레는 감정, 신뢰와 호감을 가질 수 있을까? 그냥 마트나 쇼핑몰에 들러서 상품을 구매하고 휙 나가버리는 것과 같게 된다.

설레임피부과에서는 원장인 내가 직접 상담을 하고 평균 10~30분 진료를 본다. 이를 통해 고객이 만족을 얻는 것과 함께 설렘을 간직하면서 호감과 신뢰를 가질 수 있도록 하고 있다. 피부과의 핵심은 원장이다. 고객은 원장과의 진정어린 관계를 통해 피부과의 충성고객이 된다.

다섯 번째는 브랜드 마케팅이다. 당장의 효과를 보기 위해서는 진료 상품을 마케팅 하는 게 좋다. 어떤 시술이 어디에 좋으며, 가격이 얼마이다 이런 식으로 구체적으로 의료 상품을 홍보하면 즉각적인 반응이 온다. 조회수가 높아지고 그에 따라 내원율이 증가한다. 이는 단기적인 면에서는 어떨지 모르겠지만 장기적으로 볼 때는 바람직하지 않다.

피부과는 몇 년하다가 그만하는 병원이 아니다. 평생 고객과 함께 가야하는 게 바로 피부과이다. 따라서 장기적인 안목에서 브랜드 마케팅을 펼쳐야한다. 피부과 브랜드의 차별화된 가치를 알리면, 시간이 지남에 따라 고객은 그 피부과를 기억하게 된다.

설레임피부과는 '피부주치의로서 아름다움을 위한 피부 케어는 물론 마음까지 케어한다'는 미션을 브랜드 가치로 내세우고 있다. 전국에 수많은 피부과가 있다. 하지만 환자의 마음까지 치료하는 피부주치의는 유일하다. 점점 똑똑해지고 있는 환자들은 분명히 이를 알아본다.

사랑하는 사람이 생기면 설렘이 나타난다. 설레임피부과는 그 설렘을 매우 중요시한다. 고객의 사랑을 낚아채기 위해, 설레임피부과는 일관되게 차별화된 5가지 전략으로 포지셔닝을 하고 있다. 이를 통해 고객에게 쏘아올린 큐피트의 화살이 고개의 가슴에 명중하지 않을까? 고객은 자신에 날아오는 설레임피부과의 뜨거운 구애를 놓칠 리 없기 때문이다.

마케팅 병목현상을
방지하라

강남대로는 극심한 정체로 유명하다. 출·퇴근 시 자가용을 타고 강남대로를 달리다보면, 종종 병목현상이 발생하여 심한 스트레스를 받곤 한다. 병목현상이 생기면 차량 통행에 막대한 지장이 생긴다. 이는 시간적으로나, 경제적으로 적지 않은 손해를 파생시킨다. 이러한 병목현상은 영어로 보틀넥(bottle neck)이라고 하는데 컴퓨터, 직장 업무, 공장 공정, 마케팅 등 다양한 곳에서 발생하고 있다.

가령, 사용하고 있는 컴퓨터가 현격히 늘어터질 경우 보틀넥 때문일 가능성이 높다. CPU는 속도가 아무리 빨라도, 메모리 속도가 받쳐주지 못하면 제 기능을 못한다. 메모리 속도가 CPU 속도에 비해 떨어지면 시스템 전체 성능이 저하된다. 공장의 공정도 마찬가지다. 스마트폰을 만드는 공장의 경우, 주문이 밀리는데 생산이 따라가지 못할 때 보틀넥이 생겼을 가능성이 높다. 여러 단계의 조립 공정을 거쳐 품질검사를 한 후 마지막에 포장을 한다. 그런데 만약 한 조립 공정에서 적체가 된다면, 결국 스마크폰은 주문량을 맞추지 못하게 된다.

이러한 보틀넥은 다른 곳이 아닌 마케팅에서 유의해야 한다. 요즘은 고객이 상품을 구매하는 과정을 5가지 단계로 구분한다. 흔히 이니셜을 따서 AISAS라고 하는데, 다음과 같다.

Attention(주목) ▶ Interest(관심) ▶ Search(검색) ▶ Action(구매) ▶ Share(공유)

❶ 주목 단계는 고객이 광고하는 상품을 보고 주목하는 것을 말한다. 지하철이나 버스 광고, 인쇄물 광고 등을 통해 피부과를 주목하는 단계다. 이때 소비자는 단지 이런 생각을 할 뿐이다.
'우리 동네에 피부과가 생겼군.'
'피부 미백을 전문으로 하는 피부과로군.'

❷ 관심 단계는 홍보 문구, 진료 항목과 진료비 등을 세세히 살펴보고 관심을 갖는 것을 말한다. 이때, 이런 생각을 하게 된다.

'피부미백을 받으러 가볼까?'
'오호, 진료비가 합리적인데 한번 내원해봐야지.'

❸ 검색 단계는 검색을 통해 후기, 정보를 검색하고 타사 제품과 비교하는 것을 말한다. 요즘은 환자는 내원 전에 검색이 필수다. 스마트폰으로 원하는 '시술명 + 지명'을 네이버에서 검색하는데 이때 다양한 자료가 나온다. 고객은 그것을 살펴보고 난후 필히 타 피부과의 진료 상품과 비교한다. 가격, 시술효과, 환자 후기 등을 보면서 어느 피부과가 나은지 비교를 한다.
'여기가 진료비가 싼데.'
'시술 실력은 이 피부과가 최고구나.'

❹ 구매 단계는 마음속으로 낙점한 피부과를 내원하는 것을 말한다. 전화를 해서 예약을 하거나 실제로 내원을 한다. 따라서 병원에서는 상담전화에 잘 응대하고 그리고 상담에 각별히 신경써야한다.

❺ 공유 단계는 환자가 진료를 받은 후의 경험을 후기로 올리는 것을 말한다. 후기는 피부과 홈페이지, 블로그 등에 올리기도 하지만 맘 카페, 취준생 카페 등에도 올린다. 따라서 후기 관리를 잘해야 한다.

피부과에서는 이러한 고객의 구매과정 5단계를 잘 체크해야한다. 어느 한 단계가 문제가 생겨서 보틀넥이 발생하지 않도록 만반의 준비를 해야 한다. 아무리 막대한 비용을 들여 온라인 및 오프라인 마케팅을 펼친다하더라도, 고객 구매과정 5단계의 어느 한 단계에서 보틀넥이 발생한다면 마케팅 효과가 급감하게 된다. 고객의 구매과정 5단계에서 보틀넥이 생기면, 마케팅은 마치 밑 빠진 독에 물을 붓는 것처럼 되고 만다.

설레임피부과는 기본적으로 다양한 채널과 획기적인 프로젝트로 마케팅을 펼쳐왔다. 기본적으로 홈페이지, 블로그, 포스트, 인스타그램, 페이스북, 여성 월간지 고정 칼럼과 온라인 뉴스 언론보도를 진행하는 것과 함께, 여기에다 유튜브에서 '닥터설레임' 채널을 통해 피부 이야기, '요즘엄마' 코너를 통해 다양한 육아생활 이야기 등의 콘텐츠를 구축하고 있다.

빼놓을 수 없는 것은 '피부멘토 프로젝트'이다. 피부주치의인 나와 각 분야의 뷰티 전문가가 함께 일상생활 속 피부 건강과 관련된 습관을 교정하여 피부를 다시 젊고 아름답게 만드는 피부 관리 비법을 알려주는 프로젝트이다. 주제는 음식, 운동, 주스, 화장품, 필라테스, 컬러테라피, 핫요가, 클렌징, 샴푸, 동안마사지, 메이크업, 헤어, 웨딩, 골프다. 이 프로젝트는 매번 참석자들의 뜨거운 호응을 이끌어냈고 여성월간지, 신문, 방송 등을 통해 보도되어 설레임피부과 인지도를 크게 끌어올렸다. 자세한 것은 6부에 소개한다.

이러한 마케팅을 펼치는 데 비용이 드는 것은 당연하다. 문제는 비용 대비 효과를 극대화하는 데 있다. 그래서 항상 고객 구매과정의 5단계를 꼼꼼히 체크하고 있다.

'어느 단계에서 병목현상이 생겨서, 고객이 정체되어 있는가?'

특히 신경 쓰는 단계는 Search(검색)과 Share(공유)이다. 항상, 마케팅을 할 때 스마트폰으로 검색하고 비교하는 고객을 염두에 두고 있다. 고객이 검색할 때를 대비해 설레임피부과 관련 정보가 많이 노출되도록 준비를 하고 있다. 이는 앞서 언급한 것처럼 다양한 채널과 피부멘토 프로젝트를 통해 진행하고 있다. 고객이 뷰티와 관련한 어떤 키워드로 검색을 하든지 설레임피부과 브랜드가 노출되도록 하고 있다.

이와 함께 고객이 작성하는 후기를 잘 관리하고 있다. 먼저 자발적으로 좋은 후기를 남길 수 있도록 고객이 만족할 만한 진료를 해드리는 데 집중하고 있다. 피부주치의로서 안전하고 효과 있는 피부과 진료를 해드린다면, 고객은 신뢰감을 갖고 설레임피부과 정보를 공유할 것이 분명하다.

새로운 시장을 창출하는
시술 개발

"잠깐만요. 지금 뒷주머니에 주사기를 넣으셨나요?"

눈밑에 베이비콜라겐 주사를 맞은 한 남성 환자가 이상한 행동을 했다. 내가 그 환자에게 시술 후, 잠깐 자리를 비우고 돌아온 사이에 벌어진 일이었다. 분명히 그 환자가 베이비콜라겐 주사기를 훔치는 모습을 보았다.

그 환자는 당황한 표정이 역력했다.

"아, 그게… 그러니까요."

나는 다짜고짜 그 환자에게 주사기를 내놓으라고 했다. 머뭇거리던 그 환자가 베이비콜라겐 주사기를 순순히 내놓았다. 이처럼 내가 새로운 시술법으로 개발한 베이비콜라겐 주사의 인기 때문에 타

피부과 직원, 병원마케팅회사 직원들이 정보를 캐러 환자로 가장해서 내원하는 일이 있었다. 그들은 베이비콜라겐주사의 성분을 캐내려고 했다.

'산업스파이'라는 말을 들어보았을 것이다. 이 말은 선진 기업체의 첨단 기술을 몰래 빼돌리는 사람을 말한다. 그렇다면, 설레임피부과의 베이비콜라겐주사 성분을 파악하고자 베이비콜라겐주사기를 훔치려고 했던 사람들 역시 일종의 산업스파이다. 막상 '산업스파이'를 겪을 때는 기분이 좋을 리 없다. 하지만 산업스파이가 생겼다는 것은 그만큼 설레임피부과가 선구적 역할을 하고 있다는 반증이기에 자부심이 생기는 것 또한 사실이었다. 설레임피부과가 피부과계에서 상당히 앞서가고 있는 게 틀림없었다. 그래서 우리의 노력을 몰래 빼돌리려는 사람들이 생기고 있다.

'베이비콜라겐주사' 상표도 누군가 빼앗으려고 했었다. 이 상표의 경우 설레임피부과에서 최초 개발하여 가장 많이 사용해왔다. 검색량이 0에 가까운 2019년 4월부터 애지중지 노력하여 널리 그 상표를 알려왔다. 그런데 1년가량 지나 검색량이 치솟는 2020년 6월경에 모 병원에서 같은 상표를 내걸고 동일한 콘셉트로 시술을 시작했다. 알고 보니 그 병원에는 지인인 모 원장이 재직하고 있었는데 그 병원에서 먼저 상표 출원을 했다. 그러곤 상표권 선출원을 무기로 설레임피부과로 하여금 베이비콜라겐주사 이름을 사용하지 못하게 협

박을 해왔다. 하지만 서로 노력한 끝에 법정 소송이 없이 원만하게 문제가 해결이 되었고, 현재 설레임피부과는 베이비콜라겐주사 상표를 당당히 사용하고 있다.

　새로운 시술 개발은 설레임피부과가 개원하면서부터 중점적으로 해오는 일이다. 사실, 돈을 많이 버는 것에 목적이 있었다면 굳이 고생스럽게 시술 개발에 많은 노력을 하지 않아도 된다. 시중에 널리 알려진 시술법을 그대로 사용하면서 더 싸게 해드리고, 그리고 대대적으로 마케팅을 펼치면 많은 환자고객들이 내원한다. 상당수 피부과는 이런 식으로 피부과를 운영하면서 막대한 수입을 거두고 있다. 그러면서 은근슬쩍 정량, 정품의 원칙을 무시하고 있는 게 어두운 현실이다.
　강남 한복판에 간판을 내건 설레임피부과는 이런 관행을 좇고 싶지 않았다. 정량 정품의 원칙으로 가격 그대로 받고 진료하고 싶었다. 이렇게 하려다 보니, 다른 피부과보다 가격이 높아질 수밖에 없었다. 문제는 오랜 경력을 자랑하는 유명 피부과도 아닌 개인 피부과에서 다소 높은 진료비를 내세운다면, 환자들이 반가워할 리가 없을 거라는 점이었다.

　설레임피부과가 경쟁 속에서 살아남는 방법은 시술법 개발뿐이었다. 나는 이렇게 계획했다.

'탁월한 효과를 내는 독자적인 시술법을 개발하자. 그래야 제값을 받고 진료를 할 수 있고, 또 소문을 듣고 환자들이 많이 내원할 거야. 우선, 가장 대중적인 시술법을 대체하는 시술법을 개발해보자.'

가장 먼저 필러를 대체하는 시술법을 개발하기로 했다. 필러 시술을 안 할 수는 없지만 눈밑 같은 민감한 부위에 적합한 안전한 시술을 해보기로 했다. 피부과 주름 시술하면 보톡스, 필러를 떠올릴 정도로 필러는 많은 분들에게 널리 사랑받고 있었는데, 그만큼 시장이 과포화되었기에 치열한 가격 경쟁이 벌어지고 있었다. 그래서 제 살 깎아먹는 일이 심심치 않게 생기고 있었다. 누가 더 탁월한 효과의 시술을 하느냐 대신에 누가 더 싸게 받느냐가 중요해졌다. 이런 시장에서 설레임피부과의 미래가 보이지 않았다.

그래서 기존 필러 시장에 새로운 시술법을 들고 나와 새로운 시장을 만들고자 했다.

이는 내가 병원 진료 틈틈이 일독했던 『레드오션』(김위찬, 르네 마보안)의 경영전략과 상통했다. 이 책에서는 캐나다의 시르크 뒤 솔레이유(태양의 서커스)가 세계 최고 서커스단으로 우뚝 선 비결을 소개하고 있다.

원래 서커스는 사양산업에 속했으며, 위축된 시장에서 서로 치열한 경쟁을 벌이고 있었다. 소비자들은 더 흥미로운 볼거리인 연극, 뮤지컬, 발레공연으로 발길을 돌렸기 때문이다. 시르크 뒤 솔레이유

서커스단이 서커스 시장에서 사라지는 것은 시간 문제였다.

그런데 이 서커스단이 창단 후 20년간 이렇게 성공사례를 써내려갔다.

'90개국 공연, 누적 관객 5000만명.' '최근 10년간 22배 성장.' '2005년 매출목표 5억4000만달러.'

이 놀라운 성과의 비결은 뭘까? 이는 과포화된 기존의 시장 레드오션을 과감히 버리고 새로운 시장 블루오션을 창출한 것이다. 서커스에서 서커스만 보는 게 레드오션이라면, 이 서커스단은 서커스에서 연극, 뮤지컬적인 요소를 가미했다. 이렇게 하여 브로드웨이의 환상적인 종합예술의 장르를 만들어 새로운 시장을 창출함으로써, 다른 볼거리에 빠져있던 소비자를 서커스에 끌어 모을 수 있었다. 기존에 없던 새로운 시장 블루오션을 개척한 것이 솔레이유 서커스단의 대성공의 비결이다. 이 책에서는 블루오션을 이렇게 정의 내린다.

"블루오션은 미개척 시장 공간으로 새로운 수요 창출과 고수익 성장을 향한 기회로 정의된다. 블루오션은 기존 산업의 경계선 바깥에서 완전히 새롭게 창출되는 경우도 있으나 대부분은 시르크 뒤 솔레이유처럼 기존 산업을 확장하여 만들어졌다."

필러는 누구보다 나에게 가장 필요한 것이었다. 내가 바로 필러 환자였다. 나는 의사이기 이전에 출산을 경험한 중년 여성이기에 축축 쳐지고 푹푹 꺼지는 주름이 고민이었다. 대표적으로 눈밑 꺼짐 때문에 스컬트라, 엘란쎄, 실리프팅, 필러 등 다양한 시술을 시도해보았다. 하지만 시술 시마다 겪어야하는 통증과 함께 붓기, 멍, 울퉁불퉁한 결절, 부자연스러움 등의 부작용이 있어서 나와는 잘 맞지 않았다. 이런 내 경험을 통해, 환자에게 안전하고 부작용이 적으며 효과있는 시술법 개발을 시작했다. 이렇게 해서 탄생한 것이 베이비콜라겐주사다.

베이비콜라겐주사는 눈밑꺼짐, 다크서클, 볼패임 등을 자연스럽게 개선해준다. 베이비콜라겐주사의 장점은 시술시간이 짧고 시술 직후 멍이나 붓기 등이 없는 편이라 일상으로의 빠른 복귀가 가능하다는 점이다. 진피층에 주사하는 주사제로 콜라겐이 자연적으로 생성되도록 촉진하는 부스터 역할을 하기 때문에 피부 탄력, 주름개선에 효과가 있다. 그리고 빠른 시간에 흡수되기에 내 몸 안에 남아있다는 이물감이나 괴사, 부작용의 위험 또한 없다.

베이비콜라겐주사가 기존 필러의 부작용, 단점을 개선해주었기에 새로운 시장이 생겨났다. 설레임피부과에서는 기존 필러의 레드오션에 뛰어 들어 싸우는 것을 회피하여, 새로운 베이비콜라겐주사 시장이라는 블루오션을 창출해냈다. 베이비콜라겐주사는 폭발적인 반응을 일으켰고, 설레임피부과의 효자 진료 상품이 되었다.

환자에게
마케팅의 답이 있다

점심식사 후 근처의 카페에서 커피를 마신다. 여러 카페를 다니지만 그 가운데에서 스타벅스를 꽤 자주 찾는 편이다. 사람들이 괜히 스타벅스를 애호하는 게 아니라는 것은 누구나 잘 알 듯싶다. 커피 맛과 풍미가 최고다. 그래서 사람들은 가격대가 좀 있지만 굳이 스타벅스를 찾는다. 스타벅스를 찾는 이유는 또 있다.

한 잔의 커피를 마시는 매장 분위기가 좋다. 사람들의 왁자지껄한 기분 좋은 소음을 들으며, 품격 있는 공간에서 마시는 한잔의 커피는 무척이나 매력적이다. 사무실에서, 거리에서, 집에서 마시는 것과 차원이 다르다. 그래서 사람들은 스타벅스 매장에서 커피 한 잔을 하는 것을 즐기고 있다. 오죽했으면 스타벅스 창업자 하워드 슐츠는 스타벅스는 문화를 판다고 했을까?

이러한 카페 문화는 이제는 모든 커피 매장의 표준이 된 듯하다. 한잔을 즐길 수 있는 분위기 있는 공간을 마련하는 것이 카페의 필수 요소가 되었다.

원래 스타벅스는 지금처럼 커피를 마시는 공간 문화가 없었다. 미국 시애틀에서 생긴 스타벅스는 여유롭게 커피를 마시는 공간이 전혀 조성되지 못했다. 사람들은 좁은 공간에서 커피를 마시거나, 테이크아웃을 해야 했다. 이게 미국의 커피 매장의 현실이었다. 그런데 이 관행을 하워드 슐츠가 깨뜨렸다. 그가 이탈리아 밀라노 출장을 하던 중에 그의 눈에 놀라운 광경이 펼쳐졌다. 사람들이 길가에 있는 바에 여유롭게 앉아 에스프레소를 즐기는 모습이 눈에 들어왔다.

이것을 본 하워드 슐츠는 미국의 고객 니즈 또한 이탈리아인과 같을 것이라고 예상했다. 그는 이탈리아의 카페 문화를 미국에 도입했고, 이는 미국인으로부터 선풍적인 인기를 얻었다. 이렇게 해서 전 세계인으로부터 사랑받는 스타벅스 제국이 건설되었다. 현재, 스타벅스 매장수가 3만여 개가 넘는다.

스타벅스가 대성공을 거둘 수 있었던 결정적인 요소는 카페문화 도입이다. 이는 자연적으로 생긴 게 아니다. 하워드 슐츠의 선구적인 안목에 의해, 과감하게 미국에 처음으로 도입이 된 것이다. 그는 어째서 이런 생각을 하게 된 걸까? 영업자 출신인 그는 누구보다 고객의 니즈를 잘 간판해냈다. 미국인들이 고급스럽고 넉넉한 매장에서 여유롭게 커피를 즐기고 싶은 욕구를 캐치해냈고, 이를 실행에 옮겼다. 고객의 카페 문화에 대한 니즈를 간파하고 이를 빠르게 실행에 옮겼기에 오늘날의 스타벅스 제국이 있을 수 있었다.

설레임피부과도 마찬가지다. 강남 병원들의 치열한 경쟁 속에서 지금의 설레임피부과처럼 탄탄하게 성장할 수 있었던 것은 바로 고객 환자의 니즈 파악 때문이다. 뛰어난 매출 성과를 이루어낸 베이비콜라겐주사, 실키모공주사, 톡톡주사 등 대표적인 시술법은 환자에게서 그 개발의 필요성을 찾아냈다.

앞서 언급했듯이 설레임피부과는 원장인 내가 직접 환자와 30분간 상담을 한다. 이는 다른 병원에서 1분간 원장이 상담하는 것과 차원이 다르다. 이처럼 원장이 환자와 깊이 있게 대화를 나누다보면 환자에 대해 잘 알게 된다. 밀도 있게 환자의 고충, 의견, 희망사항 등을 차곡차곡 축적할 수 있다.

한 환자는 상담 시에 이렇게 말했다.

"유명한 모 피부과에서 눈밑 필러 시술을 잘한다고 들었어요. 그런데 그곳에서 시술을 받은 주위 친구들이 떨림 부작용으로 고생을 하고 있어요. 그래서 눈밑 떨림의 부작용에 대한 두려움을 털어놓을 피부과가 찾다가 여기로 오게 되었습니다. 원장님이 상담을 잘 해주신다고 하더라구요."

한 환자는 상담 시에 이렇게 말했다.

"모공축소 시술을 하고 싶은데 피부가 갉아지는 것 때문에 망설여져요. 보통 병원에서는 모공 축소 시술만 하고 나면 끝이잖아요. 나중에 어떻게 되든 말든."

한 환자는 상담 시에 이렇게 말했다.

"저는 드라마틱하게 변해지는 것보다는 조금 눈에 덜 띄더라도 안전한 시술을 원합니다. 다른 곳도 아니고 얼굴에 시술하는 것이니까 몹시 조심스럽습니다."

이를 통해 환자 고객의 니즈를 간파할 수 있었다. 환자들이 절실하게 요구하는 것은 시술 후 큰 변화가 아니라 부작용이 없는 안전성이었다. 환자와의 30분 상담에서 환자들은 마케팅의 답을 제시해 준 것이다.

다른 병원과 치열한 경쟁을 벌여야 하다 보니, 마케팅이 큰 고민 사항이었다. 그렇다고 억대 비용을 지불하고 마케팅 회사에 마케팅을 맡겨버리는 것이 해결책이 되지 않았다고 보았다. 병원을 이끄는 원장으로서 내가 직접 마케팅 문제를 풀어가야 한다고 생각했다. 이때 환자들이 올바른 마케팅의 답을 전달해 주었다. 나는 이렇게 생각을 굳혔다.

'기존의 시술법을 그대로 사용하면서 막대한 비용을 투자해 요란하게 홍보하는 것은 무의미하다. 안전성을 확보한 새로운 시술법

개발만이 마케팅의 답이다. 앞으로도 마케팅의 답은 오로지 환자에게 찾도록 하자.'

이렇게 해서, 설레임피부과는 안전성이 확보된 베이비콜라겐주사, 실키모공주사, 톡톡주사 등 새로운 시술법을 내놓았다. 이 시술들은 폭발적으로 환자 고객들로부터 사랑을 받았다.

고객(Customer), 경쟁사(Competiton), 자사(Company)를 마케팅 전략의 기본 구성요소라고 한다. 맨 앞의 글자 C를 따와서 마케팅 전략의 3C라고 한다. 마케팅을 하려면 3C분석을 해야 하는데 고객 분석이 중요하기 때문에 맨 앞에 있다. 고객 분석에서 제일 중요한 점은 이것이다.

'고객은 어떤 니즈를 가지고 있는가?'

이를 정확하게 간파하는 것이 마케팅의 첫 단계이다. 우리나라에는 수많은 병원들이 피부과 진료를 내세우고 진료하고 있다. 피부과를 전공하지 않는 의사들도 피부과 진료를 내세워 환자를 유인하고 있고 있다. 피부과 시장은 그 어느 곳보다 시장 규모가 크다. 그런데 다들 똑같다. 1분 진료에 기성품을 파는 식이다. 환자의 니즈를 도외시하고 이미 정해진 틀에 환자를 끼워 넣는 식으로 뚝딱 진료를 하고 있다.

설레임피부과는 다르다. 환자와의 심도 있는 상담을 통해 환자의 깊은 속이야기를 듣는다. 이렇게 하면, 똑같은 증상이라도 환자마다 처방이 달라지고 또한 시술법이 다양해진다. 그래서 설레임피부과의 진료는 똑같은 게 없기에 수제품을 파는 것과 같다. 설레임피부과는 고객 환자의 목소리에 귀 기울이면서 니즈를 파악한 후, 환자 개개인에게 맞는 처방과 진료를 해드린다.

핵심 타깃을
과감하게 좁혀라

요즘 TV에 많이 나오는 광고다. 전신거울 앞에서 수트 차림의 옷매무새를 고치며 외출 준비를 하는 이제훈 배우가 나온다. 곧이어 그의 얼굴이 클로즈업이 되고, 그 배우가 "탈모관리, 스타일까지 생각한다면? 판시딜"이라고 말한다. 연이어 "덜 빠지게, 굵어지게, 모발에 힘이 생기니까 풍성해 보이죠? 탈모엔 판시딜"이라고 그 이유를 제시한다. 마지막 장면에서는 그 배우가 이렇게 멘트를 날린다.

"어때요? 스타일 살죠?"

피부과의사인 내게 이 광고가 눈에 뜨인다. 무엇보다 탈모 광고를 잘 나가는 30대 미남 배우가 했다는 점이 특이하다. 이제 탈모인구가 중장년층뿐만 아니라 2030세대에게도 크게 증가하고 있다는 것을 잘 보여준다. 이 광고는 기존의 중장년층 타깃으로 한 광고와 다르게 2030세대를 타깃을 했다.

또 다른 광고다. 먹는 콜라겐 에버콜라겐 광고에 나이가 60대인 장미희 배우가 나온다. 나이가 무색할 정도 피부가 탄력이 있어 보이는 그녀는 "이게 바로 로열콜라겐의 힘"이라고 말한다. 이 광고의 타깃은 장미희 배우의 나이를 고려할 때, 중장년층 여성이다. 중장년층 여성들이 장미희의 얼굴을 보면서, 나도 콜라겐을 먹어야겠다고 생각할 것이다.

병원마케팅에서는 특정 고객을 선정하여 그 고객에게 집중적으로 마케팅을 펼치는 것이 중요하다. 모든 연령층 고객을 포괄하는 무차별적인 마케팅은 얼핏 보면 많은 수익을 거둘 수 있을 것 같지만 절대 그렇지 않다. 어느 한 연령층도 사로잡지 못하고 실패할 가능성이 크다.

현재, 강남 지역의 피부과의 홍보를 접해보면 대부분 모든 연령층을 대상으로 하고 있음을 알 수 있다. 주머니가 가볍지만 신환 창출이 쉬운 20대는 기본이고, 30대 직장인과 중장년층을 모두 목표 고객으로 삼고 대대적인 마케팅을 펼치고 있다. 고객이 많으니 그만큼 수입이 많을 듯하지만 현실은 꼭 그렇지도 않다. 다들 전 연령층 타깃으로 마케팅을 하다 보니, 다른 병원과 고객이 겹치게 되어 서로 고객을 빼앗고 뺏기는 구조가 될 수밖에 없다.

그래서 생기는 고질적인 병폐가 바로 덤핑진료, 과잉진료다. 싼 수가에 많은 환자를 받으려고 하고 또 필요 이상의 진료를 하는 일이 비일비재하다. 그 결과로 피부과에서는 저렴한 재료를 사용하고 또 정해진 용량을 무시하는 일이 생겨나고 있다. 몇몇 피부과에서는 환자가 시술 전 셀프 클렌징과 시술을 받은 후 직접 진정 관리를 하도록 방치하기도 하고, 시술 후 환자의 완벽한 회복을 위해 진정, 재생 등의 책임을 지지 않은 일이 발생하고 있다. 이에 따라 피부과 의료 서비스 질이 갈수록 떨어지고 있다. 이는 곧 부메랑이 되어 피부과에 돌아온다. 의료 서비스에 만족하지 못하는 피부과 환자는 점점 더 피부과를 불신하지 않을까?

설레임피부과는 애초에 전 연령층을 고객으로 잡지 않았다. 과감히 소비력이 있는 4060세대를 메인 목표 고객으로 잡았다. 따라서 설레임피부과에서 개설한 유튜브 채널 〈닥터설레임〉과 〈요즘엄마 강원장〉에서 나는 친근한 40대 여성 캐릭터로 자연스럽게 등장하고 있다. 그러면서 피부와 육아에 대한 주제로 자유롭게 정보를 전달해 주고 있다. 이 채널은 조회수가 폭발적으로 많은 편이 아니다. 하지만 소비력 있는 4060 고객들이 조회를 하고 공감한 후 설레임피부과로 내원하는 경우가 많다.

이와 함께 대표원장인 나와 부원장님은 하루에 각각 20명 내외

총 40여명 정도 진료를 보고 있다. 고객층을 좁히는 것도 모자라서 진료 보는 환자 수를 의사당 20명 내외로 제한한다면 과연 어떻게 피부과 경영을 할 수 있을까? 임대료, 재료비, 직원 월급 등 돈 들어가는 곳이 수없이 많은데 그 만큼 수입이 생길까?

설레임피부과에서는 두 가지 방안을 세워놓고 있다. 이를 통해 안정적으로 피부과를 경영해오고 있다.

❶ 적정한 진료 수가로 양질의 진료 제공하기

설레임피부과를 처음 내원한 환자는 대개 진료비가 높다는 사실에 다소 놀란다. 실제로 설레임피부과는 다른 덤핑 피부과보다 조금 진료비가 높은 편이다. 이는 환자에게 최상의 진료 서비스를 제공하기 위해 양질의 재료를 사용하고 정량의 원칙을 지키기 때문이다. 진료비가 다소 높은 게 필연적이다.

그렇지만 설레임피부과는 주머니가 두터운 4060 환자를 목표고객으로 삼았기에 큰 무리가 되지 않았다. 오히려 환자들은 다소 비싸더라도 제값을 주고 퀄리티 있는 진료를 받았다고 만족감을 표시하는 경우가 많이 생겼다.

한 중년 주부 환자는 레이저 시술에 대해 이렇게 말했다.

"강남역 10출구에 있는 곳에서 레이저 치료를 받을 때는 지저분하고 불쾌했는데 여기는 깨끗해서 좋네요."

한 40대 직장인 여성 환자는 이렇게 말했다.

"직원들이 꼼꼼하게 케어 해줘서 대우받는 느낌이 드네요. 내가 VIP가 된 느낌입니다."

❷ 집중적인 구환 관리와 소개 환자받기

설레임피부과의 메인 고객은 4060세대이다. 설레임피부과에서는 신환을 창출하는 마케팅 못지않게 구환 관리를 위한 마케팅을 중요시 한다. 구환을 잘 관리하는 것이 신환을 창출하는 것보다 비용이 절감되기 때문이다. 내원한 환자가 양질의 의료 서비스를 경험하게 하면 그 환자가 다시금 재방문할 가능성이 높다. 따라서 한번 고객이 평생 고객이 되도록 내원한 환자 한명 한명에게 최선을 다해 진료를 하고 있다.

구환의 경우, 이름을 기억하는 것은 기본이다. 이와 더불어 상당히 많은 구환들은 친척처럼 가깝게 소통하고 있다. 경조사를 챙겨주기도 하고 안부 전화를 하고 안부 메시지를 보내기도 한다. 이렇게 해서 구환들이 설레임피부과의 든든한 충성 고객이 되어 주고 있다.

새로운 고객은 어떻게 생기게 될까? 걱정하지 않아도 된다. 만족할 만한 의료서비스를 경험한 구환들이 입소문을 내주고 있으며, 지인들을 소개해주고 있다. 이런 식이다.

한 50대 여성 환자는 이렇게 말했다.

"내가 아파트 주민회 대표잖아요. 이렇게 좋은 진료를 해주는데 나만 혜택을 보면 되나요? 내가 아파트 주민들에게 많이 소문을 내

드릴게요."

한 40대 여성 사업가 환자는 이렇게 말해주었다.

"이번에 거래처 대표와 미팅을 했는데요. 거래처 대표가 내 피부가 좋다고 하면서 자신도 실력있는 피부과에서 관리를 받고 싶다고 하더라구요. 그래서 내가 그 대표에게 설리임피부과를 추천해 드렸습니다. 내가 확신이 있었기 때문에 다른 곳도 아닌 비스니스 거래처 대표에게 소개해드렸어요."

많은 것을 얻으려고 하다가 전부 잃을 수 있다. 과감하게 많은 것을 포기하는 자세가 필요하다. 대신에 정해진 일부를 확실하게 얻는 게 중요하다. 내실 있게 피부과를 경영하려면, 모든 연령을 타깃으로 하는 백화점이 되기보다는 특정 타깃을 대상으로 하는 전문점을 지향하는 게 바람직하다.

강력한 서포터즈의
구전 전략

"K생명 사보 팀입니다. 원장님 기사를 싣고 싶어서 전화드렸습니다."

"M방송 교양프로그램 작가입니다. 이번에 저희 프로그램에 출연 해주시면 좋겠습니다."

설레임피부과는 대중적 인지도가 그리 높지 않았지만 언젠가부터 기업체, 방송사에서 알아봐주고 연락을 해오고 있다. 피부과의사인 내 이름을 기억하고 내게 칼럼을 써달라고 하거나, 패널로 참가해 달라고 요청해온다.

사실, 얼마 전부터 설레임피부과 검색량이 크게 많아지고 있었고, 이에 따라 브랜드 노출이 크게 높아지고 있었다. 이는 설레임피부과의 매출 증대로 이어졌다. 갈수록 설레임피부과 이름을 기억하고 내원하는 환자들이 많아졌다. 마케팅 회사를 끼고 대대적으로 홍보를 해온 것도 아닌데 이게 어떻게 된 일일까?

설레임피부과가 들어선 강남역 주변에는 수십 개의 쟁쟁한 피부과가 있었다. 대부분 막대한 마케팅비를 쏟아 부어 브랜드를 알리고 있었다. TV, 잡지, 지하철, 인터넷 등에서 서로 뒤쳐지지 않으려고 치열하게 홍보를 하고 있었다. 그런데 다들 피부과 정보 전달과 저렴한 시술 비용만을 이야기했다. 어떻게 해서든 환자들을 유인해보려고 안간힘을 쓰는 게 역력했다.

이 과정에서 불미스러운 일이 종종 발생하고 있었다. 고객의 입장에서 보면, 같은 환자가 작성한 후기가 퍽이나 와닿는다. 그런데 몇몇 피부과에서는 과장과 허위로 후기를 작성하곤 했다. 대개의 경우 마케팅 회사에 의뢰해서 광고의 한 수단으로 후기를 작성해오고 있었다. 가령, 이런 식이다.

"주름 때문에 고민이었는데 여기 피부과에서 시술을 받은 후 동안 피부가 되었어요."

"피부 미백 치료를 받은 환자인데요 ** 피부과 원장님 실력이 최곱니다. 얼굴이 하얘져서 주위 친구들이 너무 놀라더라구요."

"강남에서 이 가격에 필러 시술을 받을 수 있다는 게 놀라워요. 물론 그 효과가 보다시피 너무나 만족스럽네요."

환자들은 이런 후기에 끌릴 수밖에 없지만 허위, 과장으로 도배된 후기 광고들이 의료 시장을 혼탁하게 만들고 있었다. 이로 인해 환자들이 피해를 고스란히 껴안게 되고 있는 실정이었다.

설레임피부과가 개원되었을 때 무엇보다 브랜드를 알리는 게 시급한 과제였다. 과연 어떻게 브랜드를 알릴 것인가? 결코 쉬운 문제가 아니었다. 이 과정에서 작은 규모의 피부과에서 해볼 수 있고, 가장 큰 효과를 볼수 있는 게 후기 홍보임을 깨달았다. 그러나 허위, 과장 후기를 올리고 싶은 마음은 없었다. 진실성을 담은 소비자의 후기를 의료법의 테두리 안에서 올리게 하는 방안이 필요했다. 고민 끝에 결정을 내렸다.

'소비자들이 자발적으로 설레임피부과 브랜드를 알리는 글을 인터넷에 올리게 해야 돼. 이렇게 하려면 그들에게 도움이 되는 이벤트를 진행해야겠어. 그러면 그 이벤트에서 좋은 경험을 한 소비자들이 긍정적인 후기를 올릴 거야.'

이때, 생각해낸 것이 '피부멘토 프로젝트'이다. 피부과의 일방적인 정보 전달 광고는 환자에게 유용한 게 아니다. 오히려 과도한 정보 전달 광고는 환자들에게 피로감을 줄 뿐이다. 환자의 마음까지 케어하는 설레임피부과는 달라야 했다. 환자들에게 꼭 필요한 것을 전달해줘야했다. 이렇게 해서 내가 피부주치의로서 사람들이 일상 속

생활 습관을 교정하는 것을 통해 피부를 관리할 수 있는 방법을 소개해 주기로 했다. 이때, 관련 전문가와 함께 하는 것은 당연했다.

음식, 운동, 주스, 화장품, 필라테스, 컬러테라피, 핫요가, 클렌징, 샴푸, 동안마사지, 메이크업, 헤어, 웨딩, 골프와 같은 주제로 피부멘토 프로젝트가 진행되었다. 이에 대한 자세한 내용은 6부에서 소개했다. 각 주제에 따라 진행된 당일 행사도 중요했지만 그보다 더 중요한 것은 온라인상의 구전이었다. 피부멘토 프로젝트에 참가한 소비자 혹은 이를 간접적으로나마 접한 소비자들이 설레임피부과 브랜드를 알려주기를 바랐다. 이게 피부멘토 프로젝트의 궁극적인 목표였다. 합법적으로 소비자들이 긍정적인 후기를 올려줌으로써 홍보 효과를 노린 것이었다.

피부멘토에 참가한 분들이 자발적으로 하나 둘씩 블로그에 후기를 올리기 시작했다. 더 많은 후기가 필요했기에 적극적인 시도가 필요했다. 피부에 관심이 많은 여성 블로거 40여명을 찾아내어 그들에게 피부멘토 프로젝트 참가를 제안했고 또한 피부멘토 프로젝트 콘텐츠를 블로그에 올려주기를 요청했다. 서포터즈를 활용하기로 한 것이다.

지금은 서포터즈의 활동이 당연하지만 그 당시만 해도 그 효과가 불투명했다. 나는 블로거 한명 한명에게 일일이 장문의 메일을 보냈다. 피부멘토 프로젝트의 취지, 프로젝트의 주제와 간략한 소개를 한 후 이러한 유익한 정보를 여러 사람들이 공유할 수 있도록 협조해 달라고 했다. 진정성이 뒷받침 되어서인지 많은 블로거들이 기꺼이 피부멘토 프로젝트 콘텐츠를 알리는 일에 동참하겠다는 피드백을 주었다. 얼마 지나지 않아 온라인상에 수많은 피부멘토 프로젝트에 대한 글들이 올라오기 시작했다.

"음식이 뷰티의 기본이라는 걸 배우는 기회가 되어서 좋았습니다. 앞으로는 피부에 좋은 음식에 많은 신경을 써야겠어요. 그리고 피부병 예방에 좋은 요리 재료를 알려줘서 참 도움이 많이 되었어요."

"여성으로서 화장품에 대해 잘 안다고 자부해왔는데 이번 프로젝트를 통해 내가 모르는 게 많았다는 걸 깨닫게 되었네요. 앞으로는 현명하게 화장품을 사용해야겠어요."

"결혼을 준비 중인 20대 여성입니다. 결혼식을 대비해 피부 관리를 하려고 자료를 찾아보다가, 'D-100일 웨딩뷰티 비법'을 찾게 되었네요. 신부에게 필요한 정보를 잘 정리해 놓았더라구요. 이참에 이 비법을 소개한 피부과를 방문해볼 생각입니다."

"저는 골린이인데 피부 걱정을 많이 하고 있었어요. 우연히 '골프&뷰티 프로그램'에 참가해 유용한 피부 관리 팁을 배우게 되었습니다."

이에 따라 저절로 설레임피부과 브랜드가 많이 홍보되었다. 온라인상에 설레임피부과 브랜드가 많이 노출이 되는 것은 물론 내원하는 환자 수가 급증했다. 이렇듯 합법적인 블로거들의 구전에 의해 설레임피부과 브랜드가 널리 알려졌다. 그런 끝에 대기업, 방송사에서 내게 전화를 걸어왔다. 수십 명의 서포터즈들이 자발적으로 피부멘토 프로젝트에 대한 글을 긍정적으로 올려주었기에, 설레임피부과의 브랜드 공신력과 인지도가 높이 치솟을 수 있었다.

05

좋은 피부과를 넘어 위대한 피부과로

블루밍셀 마스크팩의
중국 진출

"그게 정말요? 우리 마스크 팩이 완판 되었단 말이죠!"

중국의 왕홍으로부터 놀라운 소식을 전해 들었다. 그는 수십 만 명의 회원을 확보한 뷰티 온라인 샵을 운영하고 있는 중국 내 유명한 왕홍이었다. 한 달 전에 그는 한국의 유명 브랜드 마스크팩을 놔두고, 설레임코스메틱이 개발한 블루밍셀 듀얼이펙트 마스크팩을 선택하여 중국 시장에 선보이려고 했다. 큰 기대를 하지 않았다. 그는 이렇게 말했다.

"이 제품은 좋기는 한데 중국 소비자들에게 브랜드가 안 알려졌기 때문에 우선 다른 제품 구매 시 사은품으로 줄까합니다."

이렇게나마 우리 마스크팩이 중국 소비자에게 조금씩 알려지는 것으로 만족할 수밖에 없었다. 가격이 조금 높은 것이 마음에 걸렸기에, 본격적인 마스크팩 판매는 언제부터 이루어질지 장담할 수 없었다. 그런데 마음속으로 간절하게 바랐던 일이 현실로 이루어진 것이다. 그 왕홍이 판매를 개시한 날 단 몇 시간 만에 20만장의 마스크팩이 완판되었다. 이후 수많은 왕홍과 온라인 샵으로부터 제품 주문이 이어졌다. 이로부터 설레임코스메틱의 마스크팩이 중국 진출이 본격 궤도에 오를 수 있었다.

누군가는 설레임피부과가 연구 개발한 마스크팩을 시장에서 판매하는 것을 보고, 안 좋은 시선으로 바라볼 수 있을 것이다. 피부과로 인지도가 생기더니, 큰돈을 벌수 있는 마스크팩 시장에 뛰어든 게 아니냐고 말할 수 있다. 피부과의사면 의사로서 치료에 전력하는 게 바람직하지 않느냐고 말할 수 있다. 이는 설레임피부과를 잘 몰라서 생기는 오해다.

본래 설레임피부과는 환자의 마음까지 치료한다는 미션의 토대 위에, 치료 이전에 생활습관을 통해 피부 케어를 하자는 취지로 '피부멘토 프로젝트'를 진행해왔다. 이 과정에서 자연스럽게 홈케어를 위한 제품 개발이 뒤따랐다. 피부과의사로서 환자들에게 최상으로 피부 케어를 해주는 양질의 제품을 세상에 내놓게 되었다. 이를 통해, 피부과 시술 이후 지속적인 피부 케어가 가능하게 되었고 또한 내원이 힘든 분들이 가정에서 편리하게 피부 케어를 할 수 있게 되었다.

따라서, 설레임코스메틱을 세우고 홈케어 제품을 시판한 것은 항상 피부주치의라는 사명감을 생각하고 그에 맞게 치료 이전에 일상에서 손쉽게 피부 케어를 할 수 있는 제품을 소개하는 일인 셈이다. 그 첫 시작으로 블루밍셀 마스크팩을 내놓게 되었다.

블루밍셀 마스크 팩에는 의사로서 환자의 피부를 생각하는 마음을 고스란히 담았다. 이 마스크팩에는 설레임피부과의 블루밍셀 시술 노하우를 담았다. 아기 피부처럼 맑고 탄력 있는 피부를 선사한다고 해서 '업그레이드된 아기주사'로도 불리는 '블루밍셀'은 설레임피부과가 단독 개발해 상표 출원을 마친 시술법이다. 나는 환자 고객 분들에게 이렇게 이 제품을 소개하고 있다.

"이 마스크팩은 설레임피부과의 블루밍셀 시술로부터 출발해 고객의 홈케어 니즈에 맞게 만든 거예요. 화려한 프린팅이나 컬러의 시트보다는 오직 피부만을 생각하는 마음으로 만들어 수십 장을 사용하지 않고 단 한 장의 마스크팩만으로 건강한 피부를 선사하는 것을 자부심으로 생각하고 있어요. 블루밍셀 마스크팩은 피부 자체의 자생력과 면역력을 올려주어 피부의 생기와 활력을 찾아주기 때문에, 피부에 맞는 '예방주사'처럼 피부건강을 지키는데 도움을 줘요."

이 마스크팩은 다른 마스크팩보다 조금 비싼 편이다. 돈을 좇아서 대량 판매를 목적으로 했다면 얼마든지 싸게 만들 수 있었지만 그렇게 하지 않았다. 피부에 좋은 성분을 아낌없이 마스크팩에 넣었기에 그렇게 가격을 책정했다. 시간이 지나면서 점차 셀러브리티들 사이에서 입소문이 나기 시작했다. '모델 마스크팩', '연예인 마스크팩', '피부과 마스크팩', '약병 마스크팩' 등으로 불리며 인기를 끌었다.

한 모델은 이렇게 말했다.

"런웨이의 강한 조명 때문에 피부가 늘 건조했어요. 피부과를 찾는 것이 번거로워서 그냥 방치한 상태였지요. 그런데 이 블루밍셀 마스크팩은 피부과의사가 만든 것이라고 하기에 피부과를 내원하는 것과 같다고 생각되어 사용하게 되었어요. 결과는 대만족입니다."

한 연예인은 이렇게 말했다.

"직업상 피부가 중요하기에 여러 가지 좋다는 마스크팩을 다 사용해봤어요. 효과 면에서 비슷비슷하다라구요. 근데 이 마스크팩은 진짜 피부과에서 시술을 받는 것과 같이 뛰어난 효과를 보이더라구요. 이 마스팩 포장이 괜히 약병 디자인을 한 게 아니었어요."

한 인플루언서는 이렇게 제품 사용 후기를 소상히 밝혀주었다.

"저는 피부멘토 프로그램에서 원장님을 뵌 적이 있어요. 그래서 피부멘토인 원장님에 대한 신뢰감을 갖고 이 제품을 사용하게 되었어요. 이 마스크팩은 순면 극세사 시트로 되어서 피부에 우수한 밀착력을 보이고, 흡수력이 탁월하네요. 게다가 피부 자극이 없구요."

이런 고객의 뜨거운 성원에 힘입어, 마스크팩으로는 드물게 켄싱턴호텔, 스탠포드호텔, 미란다호텔, 라마다호텔의 객실 비품으로 들어가게 되었다. 이와 함께 신세계백화점, 갤러리아백화점, SSG 마켓, 롯데면세점, 신세계면세점 등에서도 만날 수 있게 되었다.

피부주치의로서, 그간 피부멘토 프로젝트를 해오면서 시술 전에 홈케어를 강조해왔다. 이런 과정에서 설레임코스메틱에서 내놓은 블루밍셀 마스팩은 국내에서 선풍적 인기를 얻었다. 이를 기반으로 중국 진출을 꿈꾸게 되었다. 하지만 쉽게 그 기회가 오지 않았는데, 왕홍이 그 꿈을 이루어주었다. 그 왕홍은 블루밍셀 마스크팩이 중국 소비자에게 큰 사랑을 받을 수밖에 없었던 성공 요소를 이렇게 말했다.

"저에게 가격이 싼 마스크팩을 팔아달라고 문의하는 한국 회사가 많습니다. 한때 그런 제품들이 많이 판매가 되었지만 중국 소비자들의 눈높이가 높아졌어요. 조금 가격이 비싸더라도 피부 자극이 없고, 잘 흡수 되는 좋은 성분의 마스크팩이 필요했어요. 그래서 우수한 제품인 블루밍셀 마스크 팩이 중국 소비자로부터 사랑받은 거예요. 사은품으로 이 제품을 사용하던 소비자들이 우수성을 경험하게 된 거죠."

설레임코스메틱의 블루밍셀 마스크 팩은 중국을 넘어 태국, 말레시아, 러시아, 미국 등으로 출시되었다. 설레임코스메틱은 이제 글로벌 브랜드로 손색이 없다. 글로벌 진출은 코스메틱 회사라면 누구나 꿈꾸는 것이다. 설레임코스메틱의 성공비결은 뭘까? 피부주치의의 마음으로 가격이 높더라도 탁월한 성분의 우수한 제품을 만드는 것이다.

아이의 아토피로
개발한 토닥

"어머, 깨끗하게 다 나았네요."

"피부가 뽀송뽀송하니 언제 아토피를 앓았는지 모르겠어요."

첫째 유빈이를 보면서, 이웃집 엄마들이 한 목소리를 냈다. 내 또래인 이웃 엄마들은 모두 아이를 키우고 있었다. 그런데 다들 아이의 피부로 인한 고민이 이만저만이 아니었다. 특히, 아토피 때문에 엄마들이 걱정이 태산이었다.

아토피는 일부 아이에게만 국한되는 게 아니다. 2016년 국민건강보험공단의 통계자료에 따르면, 우리나라 전체 아토피 환자 수가 93만 5080명에 달했는데 이중 12세 미만 소아와 유아 아토피 환자가 전체 48.6%를 차지한다. 한집 건너 소아·유아 아토피 환자가 있다고 보면 된다.

이런 탓에 나와 주변 엄마들은 서로 동병상련을 갖고 있었다. 쉽게 낫지 않고 고통스럽게 괴롭히는 아토피를 앓는 아이를 둔 엄마들은 서로를 가엾게 여기고 있었다. 그런 한편 아토피에 좋은 화장품에 대한 정보를 공유하고 있었다. 이것저것 좋다는 화장품을 사용해 봤지만 큰 효과를 보지 못하고 있었다. 그러던 차에 이웃집 엄마들이 아토피로 얼굴에 발진이 심했던 유빈이가 말끔하게 나은 모습을 보고 놀랐다.

"유빈이 다빈이가 쓸 보습제를 직접 만들어 썼어요."

내가 이웃집 엄마들에게 말했다. 그러자 이웃집 엄마들이 이구동성으로 말했다.

"정말요? 그 보습제 나도 좀 얻을 수 있어요?"

피부과의사이자 아이 엄마로서 아이를 생각하는 마음으로 만든 보습제 효과는 탁월했다. 이웃집 엄마들이 아이 아토피 개선에 많은 효과를 봤다는 이야기를 들었다.

나는 두 아이 유빈와 다빈이의 엄마였다. 사실, 아이들이 태어나기 전부터 아이들이 아토피 피부일 거라고 예상했다. 남편이 어렸을 때 아토피를 심하게 겪었고 당시에도 알레르기성 비염이 있었다. 나 역시 비염이 있어 유전적으로 아이가 아토피 피부일 가능성이 매우 높았다. 그래서 아이가 태어나기 전부터 아이의 아토피에 대비했고,

아이가 태어난 후 항상 아이의 피부 변화를 세심하게 살폈다.

아토피는 초기 치료가 매우 중요하기 때문에 엄마의 관심이 절대적으로 필요하다. 피딱지가 생기거나 고름, 물집 등이 생기는 심각한 상황이 되면 병원 치료, 약물 치료가 필요하지만 초기에는 홈케어로 충분히 호전시킬 수 있다.

면역력이 저하되면 감기 등 잔병치레가 잦아지는 것처럼 피부 장벽이 무너지면 외부 자극에 취약해져 피부 트러블이 생긴다. 아토피는 피부장벽이 무너진 상태이기 때문에 사소한 접촉에도 자극을 받기 쉽다. 때문에 아토피는 피부 질환을 치료하는 것만으로는 개선이 어렵다. 일시적으로 호전될 수는 있지만 언제 또 아토피가 재발할지 모른다. 결국 아토피 치료는 피부장벽을 튼튼하게 만드는 것을 목표로 접근해야 한다.

아토피를 방치하면 피부가 가려워 긁게 되고 이로 인해 물집이나 수포가 생기거나 진물이 나는 등 피부 장벽이 무너지게 된다. 이와 함께 농가진, 물사마귀, 헤르페스 바이러스 등 2차 감염으로 번질수 있다. 때문에 가려움이나 간지러움을 덜어주는 게 중요하다.

나의 예상대로 다빈이와 유빈이 모두 아토피 증상을 보였다. 아이 피부가 붓는 듯한 느낌이 들었고 좁쌀처럼 붉게 일어나며 가려움증으로 얼굴을 자주 비볐다. 첫아이 유빈이는 3개월 때 볼이 너무 빨

개서 사진도 못 찍을 정도였다. 가려움증을 덜어주기 위해 보습 성분이 있는 겔을 시원하게 해서 얼굴과 몸에 발라주었고, 화학성분이 없고 피부 부담이 덜한 유아 전용 화장품을 구입해 사용했다. 막내 아이에게도 각별히 신경 써서 관리해주었다. 다행히 아토피가 나타난 초기부터 보습 관리에 집중한 덕에 두 아이의 아토피를 잠재울 수 있었다.

내가 가장 신경 쓴 것은 보습이었다. 아이의 피부 보습을 높이기 위해 수시로 보습제를 발라주었다. 아이가 얼굴을 비비고 나면 바로 보습제를 덧발라주었고, 음식을 먹고 나서는 피부에 묻은 것이 자극이 될 수 있으니 거즈로 가볍게 닦아내고 보습제를 발라주었다. 목욕 후 바르는 것 외에도 일상생활에서 수시로 보습제를 발라 피부 자극을 줄여주었다.

보습제를 수시로 사용하다 보니 더 꼼꼼하게 유아 전용 화장품을 선별하게 되었다. 향이나 발림성은 물론 필요한 성분이 함유되어 있는지, 불필요한 성분은 없는지, 믿을 수 있는 안전등급 성분을 사용했는지 등 깐깐하게 살펴보게 되었다. 그 과정에서 피부과의사로서 가진 지식이 총동원되었고, 여기에 아이를 위해 보다 나은 선택을 해야 한다는 엄마의 마음이 더해져 아이에게 꼭 필요한 화장품에 대한 욕구가 커졌다.

수많은 영유아 화장품 중 괜찮다고 판단한 제품을 선택해 사용했지만 늘 무언가 부족한 점을 발견하곤 했다. 피부과의사로서 아토피 화장품의 성분을 살피다 보면 이런 생각이 들었다.

'다른 성분을 넣었으면 더 좋았을 텐데…'
'왜 불필요한 성분을 첨가했을까?'
'아토피 치료에 확신을 주는 핵심이 있으면 좋을 텐데…'

마음에 쏙 드는 신뢰할 수 있는 화장품을 찾기 어려웠다. 그러던 차에 직접 만들어보자는 생각을 굳히게 되었다. 아토피를 앓는 아이를 둔 피부과의사로서 아이를 생각하는 마음으로 좋은 성분이 든 화장품을 개발하게 되었다.

아토피 화장품을 만들면서 가장 신경 쓴 부분은 피부 장벽 강화다. 한마디로 건강하고 튼튼한 피부로 바꾸는 것이다. 샘플 화장품을 완성한 후 내 피부에 테스트를 했다. 보습력은 만족스러운지, 발림성은 좋은지 등 원하는 제품이 나올 때까지 여러 번 테스트한 뒤 성분과 텍스처, 향 모든 것을 만족스러운 상태로 만들었다. 그런 후에 유빈이와 다빈이에게 발라주고 아이 피부 변화를 살폈다. 피부 보습력은 금방 눈에 띄는 변화로 나타나지 않는다. 꾸준히 사용해 피부 속부터 바꿔야 한다. 유빈이는 피부가 조금씩 개선되었고 아토피가 사라졌다. 이 보습제는 아파트 이웃 엄마들이 아이들에게 사용해보고, 탁월한 효과를 봤다.

이후, 5년여 시행착오 끝에 아기 아토피 로션 토닥(Todoc)이 탄생했다. 이것은 Toddler(걸음마 아이)+ Doctor(의사)의 합성어로 '토닥거리다'라는 친근한 말을 떠올리게 한다. 여린 피부의 두 아이를 키우는 피부과의사 엄마가 오직 아이만을 생각하며, 아이의 피부를 자상하게 토닥토닥 케어해주는 싶은 엄마의 마음을 담은 화장품이다. 나는 아이에게 꼭 필요한 보습제를 찾는 게 어렵다는 것을 느꼈고, 우리 아이뿐만 아니라 아토피로 고생하는 아이들이 안전하게 사용할 수 있는 화장품을 만들면 좋겠다는 생각을 했다. 그 결과, 설레임코스메틱에서 토닥을 출시하게 되었다.

토닥 화장품은 아토피 상태를 개선시키는 것에 그치지 않고 피부 장벽 강화를 목표로 만들었기 때문에 아토피 아이는 물론 모든 아이들이 사용할 수 있는 제품이다. 나는 이렇게 강조하고 있다.

"건강한 피부의 아이도 피부 보습을 챙겨야 외부 자극에 강한 피부 장벽을 만들 수 있어요. 아토피 화장품의 경우 보습력을 꽉 채웠기 때문에 건강한 피부의 아이가 사용해도 무방하지요. 아이 피부에 잘 맞는 순한 영유아 화장품을 선택해 수시로 꼼꼼하게 발라 피부 보습 환경을 개선시키면 건강한 아이 피부를 만들 수 있어요."

'心動'(심동)
메디컬뷰티 브랜드의 탄생

"이 시대가 요구하는 전문 아티스트를 양성하고 유능한 인재를 배출하고자, 설레임뷰티아카데미를 세웠습니다. 앞으로 피부과 경험을 바탕으로 차별화된 교육을 진행하여 글로벌 뷰티 비즈니스를 선도하겠습니다."

설레임뷰티아카데미를 세웠을 때, 내가 중국인 수강생들과 뷰티 관계자들에게 한 말이다. 설레임뷰티아카데미에서는 피부 건강을 위한 피부유형 분석 교육, 시술 부작용을 최소화한 안전 위주의 철저한 이론 수업과 실질적인 관리를 위한 임상교육, 현장 실습교육, 취업과 창업 교육을 진행하기로 했다.

이를 통해 중국 현지화된 아카데미 프로그램을 제공하는 것은 물론 피부관리센터 가맹점을 오픈하기로 했다. 실제로 이는 착착 진행되어 갔다. 중국 내 가맹점이 16개나 개설이 될 정도로 설레임피부관리센터 프랜차이즈는 큰 성공을 거두었다.

블루밍셀 마스크팩의 중국 진출처럼, 설레임피부관리센터 중국 프랜차이즈의 성공은 우연히 얻어진 결실이 아니었다. 피부주치의로서 환자의 마음까지 케어한다는 차별화된 미션을 견지하면서, 치료 이전에 생활속 습관을 통한 피부케어 솔루션을 일반인에게 널리 전파해왔다. 시간이 흐르면서 수많은 피부과 사이에서 설레임피부과는 차별화된 브랜드 이미지를 구축할 수 있었다. 신뢰할 수 있고, 진정성 있는 피부과 이미지가 확고하게 자리를 잡았다.

이러한 설레임피부과를 중국 유학생이 주목했다. 대한민국의 쟁쟁한 피부과들을 다 제쳐두고, 설레임피부과를 콕 집어서 연락하고는 보자고 했다. 그 유학생은 본래 순수하게 공부를 하러온 대학생이었지만 한국의 선진 뷰티 산업을 접하면서 이를 중국에 알리고 싶은 마음이 생긴 것이다. 그 유학생이 나와 미팅을 할 때 이렇게 운을 띄었다. 제법 한국어를 잘 구사했다.

"중국의 생활수준이 급격히 향상되고 있어요. 이에 따라 중국여성들이 외모에 대한 관심이 증가하면서 뷰티 산업이 성장하고 있습니다. 그런데 아직도 피부과 숫자가 부족할 뿐만 아니라 피부관리실이 많지 않아요. 그래서 말인데요……."

상당히 설득력 있는 말이었다. 그렇지 않아도 중국에 블루밍셀 마스크팩이 선풍적인 인기를 끌 때였으니, 관심이 갔다.

"피부과의사로 아카데미를 세워보시면 어떻겠어요? 그러면 내가 친구들과 함께 수강해서 추후 중국에 피부관리센터 프랜차이즈 사업을 운영해보겠습니다."

역시나 큰 그림을 가지고 있었다. 내가 입을 열었다.

"좋은 제안이시네요. 적극적으로 추진해보고 싶습니다. 그런데 우리나라에 피부과가 많은데 어째서 우리 피부과에 찾아오셨나요? 더 유명하고, 규모가 큰 피부과도 많을 텐데요."

그 유학생이 미소를 띠면서 말했다.

"여기 마스크팩을 사용해봤습니다. 소문을 듣고 써봤는데 매우 좋던데요. 그런 계기로 신문 자료를 살펴보니, 피부과의사로서 피부멘토 프로젝트 등 일반인에게 도움이 되는 활동을 많이 하신 것을 알게 되었어요. 그래서 설레임피부과와 함께 하면, 중국에서도 통할 것이라는 판단을 내렸습니다."

이렇게 해서 뷰티아카데미가 세워졌고, 체계적인 교육 매뉴얼을 통해 역량 있는 중국 피부관리사들을 배출했다. 이들이 현지로 돌아가 수많은 피부관리센터를 오픈하였고, 설레임피부과의 수준 높은 피부관리 노하우를 전파했다. 관리 재료, 교육프로그램, 관리메뉴, 각종 서류양식, 유니폼까지 한국 설레임피부과 노하우를 그대로 제공했다. 이와 함께 고객만족을 위한 설레임피부과의 SNS 및 온·오프라인 통합 마케팅 노하우까지 전달했다.

피부관리센터의 확장과 맞물려, 설레임피부과 가맹점도 3곳이 개설이 되었다. 그중 한곳은 설레임피부관리센터에 대한 소비자 만족도를 눈여겨 본 중국의 유명 부동산 기업 윤덕그룹과의 제휴를 통해 이루어졌다. 그 부동산 기업 대표는 미팅 때 이렇게 말했다.

"저는 돈의 흐름을 꿰차는 측이 좋습니다. 그동안 설레임피부관리센터 가맹점들이 확장되는 것을 보면서, 이제는 설레임피부과가 중국에 세워져야 할 때라고 보았습니다. 설레임피부과를 통해 본격적으로 한국의 선진 피부시술법이 중국인들에 제공되어야한다고 봅니다."

이런 계기로, 중국에서 설레임피부관리센터와 함께 피부과 프랜차이즈가 본격 궤도에 올랐다. 현재, 중국에서 설레임은 설레임을 중국어로 옮긴 '心動'(심동)이라는 브랜드로서 코스메틱과 피부관리센터, 피부과를 아우르는 메디컬뷰티 브랜드 이미지를 구축하고 있다. 이러한 성과를 바탕으로 인도, 동남아에 프랜차이즈 시장을 개척해 나가고 있다.

전 세계 3만7천여 개의 매장이 운영되는 맥도날드. 맥도널드는 처음에는 로스엔젤레스의 작은 가게에 불과했다. 하지만 이곳의 햄버거의 맛은 최고였다. 이를 주목한 주방용품 영업사원 레이 크록은 맥도날드 형제에게 프랜차이즈를 제안했다. 맥도널드 형제가 그것을 받아들였다. 그 결과, 현재 글로벌 프랜차이즈가 되었다. 맥도널드가 프랜차이즈로 성공할수 있었던 이유가 뭘까? 무엇보다 최고 품질이라는 핵심가치를 고수했기 때문이다. 사람들은 맥도날드 하면 최고로 맛있는 햄버거를 떠올렸다. 이렇게 맥도널드는 일관된 이러한 브랜드 이미지를 구축해왔다. 그 결과 레이 크록에 의해 프랜차이즈 기회가 왔고, 대성공을 거두었다.

병원의 글로벌 프랜차이즈는 병원 운영자라면 모두 꿈꾸는 일이다. 병원의 글로벌 프랜차이즈 진출의 교두보가 바로 중국이다. 중국에서 프랜차이즈가 성공할 때 그 파급력으로 전 세계 진출이 가능하다.

피부과의사로서 나 또한 설레임피부과가 글로벌 프랜차이즈로 성공하길 꿈꾸어 왔었다. 이를 위해 무엇보다 중국에서의 프랜차이즈 성공이 중요했다. 그 기회가 찾아왔다. 오랫동안 설레임은 피부주치의로서 신뢰와 진정성의 브랜드 이미지를 구축해왔는데, 이를 호감 있게 본 중국 유학생이 아카데미 개설과 프랜차이즈 제안을 해왔다. 이를 적극적으로 수용하고 사업화한 결과, '心動'(심동)이라는 브랜드로 피부관리센터 프랜차이즈가 성공을 거두는 것과 함께 피부과가 개원이 되었다.

프랜차이즈의 성공의 열쇠는 일관되게 호감 있는 브랜드 이미지를 구축하는 것이다. 맥도날드가 품질의 핵심가치를 고수하여, 맥도날드 하면 최고의 맛이라는 브랜드 이미지를 구축한 것처럼 말이다. 누가 뭐라든 눈치 보지 말고, 조급해 하지 말라. 묵묵히 자기만의 차별화되고 호감 있는 피부과 브랜드 이미지를 구축한다면 프랜차이즈 성공의 기회가 온다.

머지않아 이루어질
내 목표

"어디시라고요?"

"평안그룹에서 연락드렸습니다."

몇 해 전에 중국에서 온 전화 한통 받았다. 전화가 온 곳이 중국 내 최대 보험사인 평안그룹이었다. 포브스 선정 전 세계 7대 기업으로 중국내에서 막강한 영향력을 발휘하는 기업이었다. 그곳에서 무슨 용건이 있어서 전화를 해 온 걸까? 한국어가 능통한 그곳 관계자와 대화를 이어갔다.

"평안그룹이라면 잘 아는데 저희 설레임피부과에 어떻게 전화를 주셨습니까?"

"한국 의료관광 파트너로서 설레임피부과가 평안굿닥터와 함께 해주세요."

"평안굿닥터와 함께라고요?"

깜짝 놀랄 수밖에 없었다. 평안굿닥터는 평안그룹 자회사 평안헬스케어의 앱으로 3억여 회원을 거느린 가히 세계 최대의 원격진료와 건강관리 플랫폼이었다. 하루 원격진료 수만 해도 73만건에 달한다.

"네, 설레임피부과에서 한국의 피부과 노하우를 제공해주십시오."

나중에 그곳 관계자는 설레임피부과에 손을 내민 이유를 이렇게 밝혀주었다. 기존의 의료관광 에이전시들이 거품이 많았고 또 정보를 신뢰할 수 없었다는 것이다. 더욱이 실제 진료 결과가 너무나 엉망인 경우가 많았다고 했다. 그래서 브랜드 이미지를 탄탄하게 구축해오고 있고 또한 신뢰할 수 있는 설레임피부과와 손을 잡기로 했다는 것이다. 그러면서 설레임피부과에서 책임지고 한국의 병의원 정보를 잘 소개해주라고 요청했다.

이와 함께 설레임피부과는 KBS의 '뷰티바이블' 방송프로그램을 활용한 콘텐츠 사업 전략을 세웠다.

"KBS미디어 K뷰티 플랫폼 프로젝트를 공동개발 하고자 합니다. 단순히 한국의 의료기술을 수출하는 것이 아니라, 한국의 뷰티 문화와 콘텐츠를 중국에 알리는 플랫폼 사업으로 접근하려 합니다."

이는 방송프로그램을 통해 생산된 콘텐츠를 1회성 방송으로 소비하지 않고, 디지털 콘텐츠와 SNS 채널로 영역으로 적극 확장하려고 기획한 것이다. 이를 통해 방송·홍보·유통 아우르는 마케팅 솔루션을 제공할 수 있었다. 바이럴 마케팅과 홈쇼핑, 면세점, 드러그스토어 등 한국과 중국 커머스 채널을 통한 제품 판매까지 연계해 대한민국 유일의 K-뷰티 플랫폼이 되는 것을 목표로 했다. 나아가 중국 연예인과 왕홍들을 초청해 한국문화 체험과 헤어, 메이크업, 피부 관리, 화장품 등 K-뷰티 전반에 걸친 교육을 진행하는 뷰티 왕홍 아카데미까지 준비하기로 했다.

이로써, 설레임피부과의 '피부멘토 프로젝트'로 시작되어온 콘텐츠 사업에 방점을 찍게 되었다. '피부멘토 프로젝트'는 피부주치의로서 뷰티 전문가들과 함께 일상생활의 습관 교정을 통해 피부 관리하는 방법을 소개하는 행사로 진행해오고 있는데, 6부에서 자세히 소개한다.

결코 길지 않은 시간 동안 설레임피부과는 숨가쁘게 달려왔다. 피부주치의로서 환자의 마음까지 치료한다는 사명감을 가지고 달려왔다. 시술 전에 생활 습관으로 피부케어를 할 수 있도록 피부멘토 프로젝트를 진행했는데 이에 따라, 홈케어를 위해 화장품을 만드는 설레임코스메틱은 필수적이었다. 그리고 피부멘토 프로젝트를 통해 환자가 신뢰하고 진료 받을 수 있는 피부과 브랜드 이미지를 구축한 결과, 설레임뷰티아카데미와 설레임피부관리센터, 설레임피부과 프랜차이즈가 중국 진출에 성공할 수 있었다.

이러한 성과에 머물지 않았다. 설레임피부과는 의료관광 시장 개척을 위해, 선진적인 설레임 의료관광을 전개하고 있다. 여기에다 그동안에 축적된 내공을 바탕으로 KBS '뷰티바이블' 방송프로그램을 활용한 독자적인 콘텐츠 플랫폼 사업을 시작했다.

나는 대외적으로 설레임피부과의 목표를 '중국 내 가장 신뢰 받는 뷰티 기업'으로 표방해왔다. 이는 결코 쉬운 게 아니다. 하지만 이제까지 해왔던 데로 똑같이 진정성을 가지고 진료에 전념하고 있다. 내 머리 속에는 한결같이 변하지 않는 신념이 있다. '사람들을 아름답게 만들기 위해 피부주치의로서 환자의 마음까지 치료한다'는 것이다. 이러한 설레임피부과의 일관되고 진정성 있는 미션이 머지 않는 시기에 내 목표를 이루어줄 것이라 확신한다.

동남아 의료관광을 위한 '닥터디'

한국을 찾는 외국인 환자들이 크게 늘어나고 있다. 한국 병원에서 피부, 성형 진료를 받고자 하는 외국인 수가 2018년 기준 37만명을 넘었고, 총 8,606억원의 진료 수입이 창출되었다. 외국인 환자가 제일 많이 방문한 곳은 피부과(47%)이며, 그 다음이 성형외과(37.1%)이다. 이를 잘 입증하기라도 하듯, 우리나라의 미용과 성형 관련 산업은 해마다 20% 이상 성장해오고 있다.

여기까지는 피부과의사로서 매우 기뻐해야할 소식이다. 설레임 피부과도 외국인 환자로 인해 큰 혜택을 보기 때문이다. 하지만 속을 들여다보면, 꼭 그렇지도 않다. 골칫거리로 인해 머리가 시큰거린다. 그것은 바로 불법적인 브로커이다. 이들이 활개를 치면서 한국 의료가 엉망진창이 되고 있다. 불법 브로커들이 판을 짜고 폭리를 취하면서, 갈수록 한국의 진료 질이 떨어지고 있으며 한국 병원 이미지가 훼손당하고 있다.

솔직히 의사 입장에서는 브로커 유혹의 손길을 뿌리치기 힘들다. 불법 브로커들이 데려오는 외국 환자를 진료하면 상당히 큰 수입을 거둘 수 있기 때문이다. 이런 탓에 불법 브로커들이 끊이지 않고 이어지고 있다.

한번은 브로커가 중국 관광객 60여명을 강남 지역의 성형외과에 소개해주는 대가로 수술비의 10~50%를 챙기는 일이 발생했다. 이 브로커는 1년에 억대의 수수료를 챙겼다. 더욱이 이 브로커는 외국인 환자를 유치할 수 없는 병원을 상대로 불법적인 일을 자행했다. 브로커는 현지에서부터 관광객을 모집하고 국내 병원과 계약을 맺는다. 수술비가 3,000만원 이하일 경우 30%, 3,000만원 이상이면 50%의 수수료를 챙기는 것으로 알려졌다.

이렇게 불법 브로커들이 폭리를 취하는 구조가 끼어들면서, 수술비가 과도하게 부풀려지고 있다. 이 과정에서 불성실한 진료와 저렴한 재료 사용으로 인해 의료 사고가 발생할 수밖에 없는 상황이 되고 말았다. 결국, 한국의 우수한 의료 강국 이미지가 크게 실추되고 말았다. 이는 피부과의사에게 가슴 아픈 일이 아닐 수 없다.

한국의 외국인 환자 가운데 중국인이 제일 많다. 중국인이 한국 의료 관광의 주 고객인 셈이다. 하지만 중국의 경우, 사드 배치에 따른 한국 단체관광 제한과 한국 대중문화 금지(한한령) 등 리스크가 많은 게 사실이다. 언제 어떤 일이 터져서 중국인 의료 관광객이 끊길지 모른다. 따라서 마냥 중국인 환자만 기다리고 있어서는 안 된다. 한동안 나는 이런 고민에 빠져들었다.

'언제까지 중국인 환자만 기다리면서, 브로커의 손에 우리나라 병원이 놀아나야 하지? 계속 이런 식이면 외국인 환자는 만족스런 진료를 못 받을 것이고 또 우리 의사들도 제대로 실력을 발휘하지 못할 게 분명해. 미약하나마 내가 나서서 뭔가 뾰족한 해법을 찾아봐야겠어.'

뜻이 있으면 길이 있다는 말처럼 정말 기적 같은 일이 벌어졌다. 설레임피부과는 국내의 메이저 피부과와 비교할 때 작은 병원에 불과하다. 그런데 설레임피부과가 태국에서 한국 병의원에 대한 정보와 서비스를 제공하는 플랫폼 앱 '닥터디'의 한국 대표 피부과로 참가하게 되었다. 현재, 이 앱은 태국 욱비그룹, 범룽랏 인터내셔널 병원, STAR K 채널 그리고 설레임피부과가 함께 주주로 참여한 태국 의료관광 전문 플랫폼이 되었다.

특히나 욱비그룹은 베트남, 필리핀 등 동남아시아 지역에서 1000만 명 이상의 이용자를 보유한 태국 초대 온라인 플랫폼 기업이다. 따라서 이 앱을 통해, 동남아의 환자들에게 정확한 한국 병의원의 정보를 제공하는 것은 물론 한국 의료진들의 빠른 커뮤니케이션을 제공할 수 있게 되었다. 욱비그룹 대표는 이렇게 말했다.

"닥터디는 욱비의 다양한 온라인 플랫폼 운영경험에 한국 의료진이 정확한 정보와 빠른 의사소통을 제공하는 것이 차별점입니다. 신뢰할 수 있는 의료서비스를 기반으로 소비자가 스스로 병원과 시술관련 정보를 비교하고 선택할 수 있게 되었습니다."

닥터디는 미국 MTA(Medical Tourism Association, 의료관광협회)가 부여하는 '의료관광객을 위한 세계 10대 병원(Top 10 Medical Tourism Destinations in the World 2018)'으로 선정되고, 연간 67만 명 이상 외국인 환자가 찾고 있는 태국 최대 영리병원의 한곳인 범룽랏 병원의 의료관광 노하우를 적극 반영할 계획이다.

이와 함께 의료관광객에게 사전 스케줄, 호텔예약, 공항픽업, 통역 등과 같은 컨시어지 서비스를 제공하기로 했다. 그리고 닥터디 오프라인 센터를 세워, 전문 의료코디네이터들이 환자 진료를 돕고, 또 환자가 사후 관리를 받을 수 있도록 하기로 했다.

한국 의료 관광에 먹칠을 하던 불법 브로커 문제가 사라지게 되었다. 동남아 환자가 투명하게 합리적인 비용으로 한국의 선진 미용 의료 서비스를 흡족하게 받을 수 있게 되었다. 닥터디는 불법 브로커로 인해 피해를 보는 외국인 환자를 위한 최초의 대안이다. 설레임피부과는 한국을 대표하는 피부과로서, 우리나라의 우수한 병원을 닥터디에 소개할 예정이다.

닥터디를 통해 또 하나의 문제점이 해결이 되었다. 그것은 바로 중국인 환자의 편중 문제가 해결된 것이다. 앞으로 중국 정부가 갑자기 자국민의 한국 단체 관광의 빗장을 걸어잠그더라도 안심할 수 있게 되었다. 어쩌면 앞으로 태국을 포함한 동남아 의료 관광 환자 수가 중국인 의료관광 환자 이상으로 크게 늘어날지 모른다. 이제 막 '닥터디'를 통해, 브로커 없는 건강한 의료관광이 시작될 예정이다.

내 행복은
봉사와 헌신

1666년 런던 대화재 후, 성바오로 성당이 재건축이 시작되었다. 당시, 건축을 책임진 유명 건축가 크리스토퍼 렌은 매일같이 건축 현장을 둘러보았다. 그러던 중 열심히 땀 흘리며 일하는 인부들이 눈에 들어왔다. 그는 세 명의 인부들에게 지금 하는 일이 무엇인지를 물어봤다.

첫 번째 인부는 이렇게 말했다.

"저는 가족을 먹여 살리려고 열심히 일하고 있습니다."

두 번째 인부는 이렇게 말했다.

"저는 벽을 쌓고 있습니다. 벽 쌓는 것만큼은 기가 막히게 잘합니다."

세 번째 인부는 이렇게 말했다.

"저는 전능한 신께 바칠 위대한 성당을 짓고 있습니다."

이는 많이 알려진 우화이다. 이 이야기에서 말하는 것은 미션의 중요성이다. 일에 어떤 의미를 부여하느냐에 따라 천지차이의 결과를 낳는다.

이 우화는 우리 피부과의사에게도 그래도 적용된다. 열심히 일하는 세 명의 피부과의사에게 누군가 지금 하는 일이 무엇인지를 묻는다고 하자. 그러면 이런 답이 나오지 않을까?

첫 번째 피부과의사는 이렇게 말할 것이다.

"저는 돈과 명예를 쌓기 위해 열심히 진료를 보고 있습니다."

두 번째 피부과의사는 이렇게 말할 것이다.

"저는 피부 시술 실력이 최고입니다. 우리나라에서 몇 손가락 안에 듭니다."

세 번째 피부과의사는 이렇게 말할 것이다.

"저는 사람들을 아름답게 만드는 일을 하고 있습니다."

세 번째 피부과의사가 자신만의 소중한 미션을 가지고 있음을 알 수 있다. 이 세 번째 피부과의사가 바로 나이다. 나는 피부과 의사가 되기로 결심한 순간부터 지금까지 쭉 이 생각을 가지고 있다. 그래서 환자를 생각하는 마음에서 '피부주치의로서 환자의 마음까지 치료한다'는 미션이 세워졌다. 나의 미션은 이것이다.

'피부주치의로서 아름다움을 위한 피부 케어는 물론 마음까지 케어한다.'

이 뚜렷한 미션을 품고 있기에 나는 단지 피부과의 외적 성장에만 만족하지 않고 있다. 기회가 된다면 보다 많은 사람들을 아름답게 만들기 위해, 환자의 마음까지 치료하는 봉사와 헌신을 아끼지 않을 생각을 갖고 있다. 그래서 몇 해 전에 작으나마 내가 할 수 있는 일을 시작했다.

한 명의 어린이 수술비를 정기 후원하는 오페레이션 스마일(Operation Smile)의 스마일엔젤캠페인에 참여했다. 그리고 오퍼레이션 스마일과 구순구개열 및 안면기형 어린이 수술과 사회심리적 치료 기금마련을 위해 업무 제휴를 했다. 오퍼레이션 스마일은 미국에 본부를 두고 전 세계 63개국에서 안면기형으로 고통 받는 빈곤 아동들에게 무료수술을 통해 새로운 삶을 선사하는 저명한 글로벌 의료 NGO다.

아이를 키우는 어머니로서 형편이 어려워 수술을 받지 못해 외적 스트레스가 극심한 아이들에게 흉터 치료 등의 재능기부로 꿈과 희망을 줄 수 있다는 생각에 기뻤다. 정기후원은 물론 다양한 상품개발 등의 적극적이고 지속적인 후원을 약속했다.

앞으로 준비하고 있는 것으로 두 가지가 있다. 하나는 아토피로

고생하는 고아원 아이들에게 토닥 화장품을 기부할 계획이다. 어려운 환경에서 자라나는 고아원 아이들은 피부에 신경 쓸 여유가 없다. 하지만 아토피로 인한 고통을 이루 말할 없을 정도로 크다. 따라서 피부주치의로서 고아원 아이의 피부를 보호하는 일을 해주기로 했다.

다른 하나는 무료로 청소년의 문신 제거를 해줄 계획이다. 청소년들이 한순간의 잘못된 판단으로 보기 좋지 않은 문신을 하지만 나중에 후회하는 경우가 많다. 이를 많이 보아왔다. 그런데 문신 제거 수술비용이 천만원대에 달할 정도로 작지 않다. 나는 경제적 여건이 좋지 않은 소년원의 청소년 대상으로 무료로 문신제거를 해줄 계획이다. 외형적인 문신 제거에 불과할지 모르지만 그 효과가 매우 크리라 본다.

혐오감을 불러일으키는 문신이 제거되면, 이로부터 비행청소년은 어두운 과거로부터 벗어날 수 있는 용기를 얻을 수 있으리라 본다. 산뜻하게 변한 피부를 보면서 비행청소년은 다시금 새 삶을 살아갈 용기를 얻으리라 확신한다.

피부과의사로서 해야 할 사회적 봉사와 헌신은 끝이 없다. 나는 작게나마 이 일을 시작해왔으며, 앞으로 점차 확대해갈 구상을 가지고 있다. 이를 통해 이 사회가 좀더 아름다운 사회가 되었으면 하는 바람이 크다. 나는 단지 성공한 피부과가 아니라 사회에 선한 영향력을 크게 미치는 피부과를 만들고 싶다. 그렇게 된다면 사람들을 아름답게 만들기 위해 환자의 마음까지 치료하는 피부주치의로서 참으로 행복할 것이다. 설레임피부과가 좋은 피부과를 넘어 위대한 피부과가 되는 날이 언제쯤일까?

06

피부멘토 프로젝트 14

피부관리 습관을
알려주기 위해

여러 해 동안 피부과를 운영해오던 나는 한 가지 생각을 품게 되었다. 꾸준히 환자들이 유입이 되면서 피부과는 안정적으로 운영이 되고 있었다. 그런데 환자 입장에서 환자의 마음에 관심을 가지다 보니, 이런 생각을 피할 수 없었다.

'환자들이 나에게 찾아와 시술을 받고 원하는 만큼 만족스러운 결과를 얻고 있어. 이 과정에서 보람과 함께 자부심을 느끼고 있지. 근데 내가 환자 마음을 돌본다고 자처하고 있는 피부과의사로서 여기에서 만족해도 될까? 내원하는 환자를 잘 시술해주면 그것으로 끝일까? 아니야. 진정으로 환자를 생각한다면 환자가 내원하기 전에 피부 관리를 잘 하고 피부질환을 예방할 수 있는 방법을 알려 줘야할

거야.'

내 머릿속에는 토마스 에디슨의 명언 "미래의 의사는 약을 처방하는 것이 아니라, 환자가 자신의 체질과 바른 식단을 돌아보게 하고, 질병의 원인과 예방에 관심을 갖도록 할 것이다"가 내내 맴돌았다. 고심 끝에 설레임피부과는 치료를 잘 하는 것은 물론 고객의 피부를 위한 예방에 관심을 기울어야한다고 판단 내렸다.

많은 분들이 조그만 노력하면 피부 질환을 피할 수 있다. 건강과 아름다움은 치료 이전에 질환의 원인을 파악하고 예방함으로써 유지가 된다. 그런데 대다수 사람들은 그 방법을 몰라 실천하지 못하고 있으며, 혹 안다고 하더라도 잘못된 속설을 실천하여 되레 피부를 망치는 경우가 많았다.

이제는 병원 진료실에서 환자를 상대로 시술과 처방에 대해서 이야기하는 것에만 그치지 말아야했다. 일상에서 실천할 수 있는 피부관리법을 알려주는 게 필요했다. 이를 위해 엄숙한 의사의 이미지에서 친숙한 이미지로 변신하는 게 필요했다. 이 과정에서 생각해낸 것이 바로 전문가와 콜라보레이션이다. 생활 속 뷰티 전문가와 함께 피부관리법을 이야기한다면 많은 분들에게 호응이 있을 것이라고 보았다.

건강과 아름다움은 치료 이전에 원인과 예방이 중요하다. 그래서 각 분야의 전문가들과 함께 생활 속에서 실천할 수 있는 피부관리법을 알려준다면, 많은 이들이 자신감 있는 삶을 영위할 수 있을 것이라는 확신이 섰다.

얼마 뒤, 피부주치의인 나와 뷰티 전문가가 함께 진행하는 '피부멘토 프로젝트'가 탄생했다. 이를 통해 일상생활 속 피부 건강과 관련된 습관을 교정하여 피부를 다시 젊고 아름답게 만드는 피부관리 비법을 알려주었다. 값비싼 비용과 의학의 힘을 빌린 인위적인 피부 동안이 아닌 아름답고 건강하게 나이를 먹을 수 있도록 웰에이징에 중점을 두었다.

주제는 아름다운 피부를 위해 꼭 필요하고, 많은 여성들이 궁금해 하는 음식, 운동, 주스, 화장품, 필라테스, 컬러테라피, 핫요가, 클렌징, 샴푸, 동안마사지, 메이크업, 헤어, 웨딩, 골프까지 이어지고 있다. 자연스럽게 피부 노화의 시기와 속도를 늦추어 아름다운 피부를 갖고 싶은 요즘 여성들의 바람을 담았다. 이를 통해 전달되는 피부관리법은 어느 한순간만 하다가 마는 게 아니라 평생을 이어가는 베스트 솔루션이 되길 바랐다. 이 프로젝트의 주제는 다음과 같다.

'설레임 피부멘토 프로젝트 14'
❶ 음식
❷ 운동
❸ 주스

❹ 화장품

❺ 필라테스

❻ 컬러테라피

❼ 핫요가

❽ 클렌징

❾ 샴푸

❿ 동안마사지

⓫ 메이크업

⓬ 헤어

⓭ 웨딩

⓮ 골프

이 프로젝트는 시작부터 장안의 화제가 되었다. 그 누구도 시도하지 않은 것을 내가 처음 했던 것이다. 처음에는 잘 될까 하는 두려움이 없지 않았지만 많은 분들의 호응이 있었고, 매스컴의 주목을 받기도 했다. 프로젝트를 하는 날이면 자리가 부족할 정도로 많은 분이 찾아주셨고, 평소 궁금했던 사항을 질문했다. 분위기가 매번 뜨거웠다.

수년 동안 이 프로젝트가 성공적으로 이어지고 있다. 처음 시작한 전문과와 함께 하는 피부멘토 프로젝트 콘셉트에서 이제는 생활 속 다양한 주제의 멘토 프로젝트 콘셉트로 바꿔 이어가고 있다.

앞으로 순서대로 '설레임 피부멘토 프로젝트'를 소개한다. 피부 건강은 피부과 시술을 통해 일시적인 개선 효과를 볼수 있다. 하지만 생활 속의 습관을 바꾸지 않으면 지속적으로 시술 효과를 극대화하기 힘들다. 건강한 피부를 위한 올바른 습관에 대해 알아보자.

1. 음식이 뷰티의 기본

"젊은 피부로 되돌리는 해법 중 음식이 피부에 미치는 영향은 실로 엄청나요. '음식이 약이 되고, 약이 음식이 되게 하라'는 히포크라테스의 말이 BC 430년에만 해당하는 이야기가 아닙니다. 식사를 거르거나 권장하지 않는 먹을거리를 섭취하면 일단 호르몬 균형이 깨지고, 세포 대사에 필수인 각종 영양성분이 공급되지 않아 피부 노화의 직접 원인이 될 수 있어요."

첫 번째 피부멘토 프로젝트 '음식'편에서 내가 한 말이다. 이번 클래스는 영등포 인스키친에서 유명 셰프 배성은과 함께 진행되었다. 배성은 셰프는 현대홈쇼핑 제1기 쇼호스트 출신으로 이탈리아·프랑스 요리와 파티셰 과정을 마쳤으며, 롯데백화점, AK PLAZA, 에 이미 쿠킹에서 서양요리 강사로 활동했고 현재는 쇼호스트와 서양식 요리강사로 활동하고 있다. 이날 뷰티에 관심이 많은 뷰티 블로거들이 참석해주었다. 스튜디오는 주방 형태로 되어 있어서 많은 분들이 친근하게 다가올 수 있었다.

나는 피부와 음식의 연관성과 음식의 중요성을 강조했다. 많은 분들이 음식의 중요성을 간과하지만 사실 좋은 음식을 먹어야 몸이 건강하며 건강한 몸을 통해 피부가 좋아진다고 피력했다. 음식은 아름답고 건강한 피부를 위해 매우 중요한 요소이다. 내 특강을 통해 아름다운 피부에 관심 있는 여성들이 푸드가 얼마나 중요한지 새삼 깨달았다. 특강이 끝나자 참석자들이 여기저기서 질문을 이어갔다.

한 참석자가 손을 들었다.

"저는 천연화장품을 쓰고 있고 나름 먹는 것에도 신경을 쓰는 편이에요. 근데 피부가 쉽게 건조하고 여드름이 자주 생기고 있어요. 뭐가 문제일까요?"

가까이에 있어서 그 20대 여성분의 피부상태를 살펴볼 수 있었다. 여드름이 그리 심한 편은 아니었다. 그 여성분에게 물었다.

"혹시, 햄버거 좋아하세요?"

이런 답이 나왔다.

"당연하죠. 일주일에 서너 번은 꼭 먹고 있어요."

미소를 지으며 진단을 내려주었다.

"음식이 문제로 보입니다. 햄버거 같은 패스트푸드에는 피부에 해로운 트렌스지방, 포화지방, 화학제품, MSG, 소금, 설탕 등이 많이 함유되어 있어요. 평소 몸에 좋은 음식을 먹더라도 이런 패스트푸드를 즐겨먹는다면 피부가 좋지 않게 되요. 그러니 좀 더 몸에 좋은 성분이 든 패스트푸드를 가려서 먹는 게 좋겠네요. 그리고 여드름 예방에 좋은 음식을 먹는 게 중요한데 이는 배성은 셰프님이 직접 요리를 통해 알려드릴 것입니다."

질의응답 시간이 끝난 후 배성은 셰프가 나섰다. 배성은 셰프는 무엇을 먹는지가 피부 상태를 결정한다고 강조했다. 윤기가 흐르고 탱글탱글한 탄력의 피부를 유지하고 싶다면 먹을거리를 신중하게 선택해야하며, 피부 트러블을 예방하는 것은 물론 노화를 최대한 늦추려면 푸드의 힘을 믿어야한다고 했다.

배성은 셰프는 피부에 좋은 참치, 아보카도, 레몬, 닭고기, 낫또, 토마토 등의 재료를 소개한 후 누구나 쉽게 따라할 수 있는 요리를 선보였다. 포트와인소스의 닭가슴살구이, 허니레몬 진저티, 참치와 아보카도 크로스티니 등 맛깔스러운 요리가 시연되었다. 참석자들은 배성은 셰프의 조리 과정을 사진 찍으면서 큰 관심을 보였다. 요리 강의가 끝난 후, 참가자들이 직접 시식하는 시간을 가졌다. 이날, 소개한 5가지 피부 질환과 그 예방에 좋은 요리 재료는 다음과 같다

❶ 여드름

참치에 함유된 EPA는 생선기름에 있는 오메가3 지방산의 한 종류로 피부를 팽팽하게 하는 단백질인 콜라겐을 보존하는 역할을 한다. 또 필수지방산이 풍부한데 여드름, 안면홍조, 건성, 민감성과 같은 피부 트러블을 진정시키는 역할까지 톡톡히 한다.

❷ 피부 당김

피부를 건강하게 하는 영양소로 가득 채워져 있는 아보카도는 특히 피부 세포의 신진대사를 촉진하고 면역력을 강화하는 스쿠알렌이 함유되어 있다. 피부에 윤기를 주고 촉촉하게 만드는 비타민 E, 불포화지방산 역시 풍부하다. 이를 통해 피부 당김을 예방할 수 있다.

❸ 각질 & 칙칙함

레몬은 훌륭한 항균제이자 진정제. 레몬에 들어 있는 유기산이 피지 분비로 인한 번들거림을 완화하고, 균을 제거해 피부 트러블을 예방한다. 비타민 C가 풍부해 묵은 각질을 제거하여 피부세포 재생을 원활하게 도와 피부 톤을 환하게 한다.

❹ 모공

거친 피부에 사용하는 치료제 중 하나인 비타민 B2는 피지 분비를 컨트롤하는데 닭고기에는 돼지고기, 소고기보다 비타민 B2가 2배

더 풍부하다. 닭가슴살에 많은 단백질은 근육을 잡아주어 피부를 탄력 있게 유지시켜주어 모공을 줄여준다.

❺ 탄력 저하

콩에 풍부한 이소플라본은 항산화 작용이 높아 콜라겐과 근육이 줄어드는 것을 예방해 피부를 탄력 있게 만들어주는 일등공신이다.

2. 동안 피부를 만드는 운동

"운동을 하면 피부 노폐물이 걸러지고 영양 공급이 잘돼 피부가 아름다워져요. 그리고 근력이 향상돼서 자연스레 동안피부가 완성된 답니다."

두 번째 피부멘토 프로젝트 '운동'편에서 내가 강조한 말이다. 이 클래스는 김진우 트레이너와 함께 진행되었다.

건강한 피부하면 화장품과 음식부터 떠올린다. 그러나 운동 역시 동안피부를 위해 매우 중요하다. 칼로리 소모와 지방 연소로 비만 예방과 탄력 있고 날씬한 몸매를 유지할 수 있을 뿐 아니라 혈색이 도는 건강한 피부 톤을 유지시켜주기 때문이다.

대부분의 여성들은 예뻐지기 위해 다이어트 하는 경우가 많다. 그러나 무리한 체중 감량은 건강을 해칠 뿐 아니라 피부를 상하게 만드는 주범이다. 피부주치의로서 나는 올바른 다이어트와 피부에 도움이 되는 생활습관을 소개했다. 기본적으로 다이어트를 제대로 하려면 절대 밥을 굶지 말라고 강조했다. 그 대신 식사를 4~5시간 간격으로 1200~1500kcal를 규칙적으로 세 끼로 나눠 섭취하는 것을 권했다. 또 부피가 크지만 칼로리가 적은 저밀도 에너지 음식과 단백질을 풍부히 섭취하면 도움이 된다고 말했다. 이와 함께 나는 운동을 제안했다.

"식욕을 참으면 코르티솔 호르몬이 증가해 오히려 체지방이 축적돼요. 살을 빼려다 오히려 살이 찌는 결과를 낳죠. 먹는 문제로 스트레스 받지 말고 가벼운 운동을 습관화해보세요. 체중 감량과 보디라인 교정은 물론 근력이 향상돼 덤으로 동안피부까지 얻을 수 있어요."

운동이라고 거창할 필요가 없다. 걷기나 산책, 자전거 타기 등 저충격 유산소운동이면 충분하다. 처음에는 가볍게 20분 정도로 시작해 1~2주 간격으로 10분씩 늘려 약 1시간 정도 유지하면 된다. 시간이 없다면 계단 이용하기 같은 간단한 운동도 좋다.

몸을 자꾸 움직일수록 신진대사가 활발해진다. 그에 따라 순환과 대사가 증진돼 면역력이 증가할 뿐 아니라 피부 노폐물이 잘 걸러진다. 이런 효과 덕분에 영양 공급이 잘돼 젊고 아름다운 피부를 유지할 수 있다. 약물요법은 식이요법이나 운동을 대신할 수 없다. 올바른 식사와 운동의 기본적인 노력이 꾸준히 뒷받침될 때 약물 요법도 효과가 있다. 따라서 올바른 식사를 하고 생활 속에서 많이 움직이는 습관을 길러야한다. 그래야 살도 빠지고 탄력 있는 동안피부로 거듭날 수 있다.

나는 다이어트를 원하는 이들에게 무리한 시술을 하기보다 그들의 니즈에 맞는 건강하고 안전한 맞춤형 처방을 제시하고 있다. 이 과정에서 적극 운동을 권장하고 있다. 운동은 좋은 식품이나 스킨케어만큼 중요하다. 올바른 방식으로 효과적인 운동을 꾸준히 할 경우, 비만 예방과 날씬한 몸매 유지는 물론 건강하고 맑은 피부를 가꾸는 데에도 도움이 된다.

다이어트와 피부에 도움이 되는 운동은 어떤 게 있을까? 이는 두 번째 프로젝트에 참가한 김진우 트레이너가 소개해주었다. 그는 스타 트레이너로서 널리 알려진 인물이다.

김진우 트레이너는 경력 16년 차의 베테랑 트레이너로 세계적인 아이돌그룹 방탄소년단(BTS), 2PM, GOT7(갓세븐), 손나은, 비스트 등의 아이돌부터 배우 박보영, 나나, 이제훈, 이진욱, 김유정 등의 퍼스널 트레이닝(Personal Training · PT)을 맡고 있는 실력 있는 트레이너다. BTS가 2017~2019년 세계 곳곳을 다니며 성공적으로 공연을 마칠 수 있도록 도와준 숨은 공신이다. 그는 월드투어 내내 BTS 곁을 밤낮으로 지키면서 이들의 컨디션을 최상으로 끌어올려준 컨디셔닝 트레이너이기도 하다.

김 트레이너는 바쁜 직장여성들도 손쉽게 따라 할 수 있는 '하루 11분 운동법'을 선보였다. 여기에는 균형 잡힌 보디라인을 위한 고릴라 스쿼트, 아름다운 S라인 만들기 위한 윈드밀, 전신 발란스 운동인 푸쉬 런지, 매력적인 뒤태 완결자인 베어 워크가 소개되었다. 이 동작 1분과 유산소운동 1분을 1세트로 총 5세트 실시하고, 마무리 운동1를 더해 완성하는 것이 바로 이 운동법이다.

피부와 몸이 좋아하는 하루 11분 운동법은 짧은 시간이지만 꼭 필요한 동작들을 모아 놓은 효율적인 운동프로그램이다. 이는 TV를 보거나 음악을 들으면서도 쉽게 따라 할 수 있는 것과 함께, 운동 강도가 강해 바디라인은 물론 근력 운동에도 도움을 준다. 실제로 김진우 트레이너가 전담하고 있는 스타들도 이 운동을 직접 실천했다고 한다. 본 프로그램은 입소문을 타며 여성지와 케이블방송 등에 소개되었고, 다이어트에 실패해왔던 여성들에게 새로운 희망이 되는 다이어트 프로그램으로 자리 잡게 되었다.

3. 피부를 건강하게 만드는
슈퍼뷰티주스

"무턱대고 굶는 다이어트를 하다 보면, 피부도 상하고 건강도 해치게 됩니다. 굶지 않는 다이어트를 위해 야채주스에 관심을 가지셔야 합니다. 본 행사를 통해 여러분들이 주스의 효능과 올바른 주스 섭취법에 대해서 제대로 알 수 있으면 좋겠습니다."

세 번째 피부멘토 프로젝트 '주스' 편에서 내가 한 말이다. 이번 클래스는 휴롬팜 도산대로점에서 하미경, 박지성 연구원과 함께 진행되었다. 연구원들은 주스를 만드는 시연을 한 후, 두 가지 팁을 알려주었다. 건강에 도움이 되는 주스를 만들려면 신선한 유기농 제철 과일을 선택하는 것이 중요하며, 과일과 채소는 공기에 노출되면 영양소가 파괴되기 때문에 짧은 시간에 갈아 마셔야 영양소 손실을 막을 수 있다고 했다. 이날 참석한 분들은 주스의 가치에 대해 새롭게 알게 된 시간이 되었다. 피부에 좋은 주스가 맛도 좋다는 사실을 알게 된 한 참가자는 이렇게 말했다.

"이게 정말 시금치랑 케일로 만든 주스예요? 생각보다 맛있는데요?"

다이어트 음료로 각광받고 있는 '해독주스'부터 변비에 좋다는 '푸룬 주스', 수험생들의 졸음 퇴치용 '붕붕주스'까지, 바야흐로 주스 춘추전국시대다. 주스는 풍부한 영양과 간편한 섭취로 현대인에게 사랑받고 있다. 매일 1~2잔씩 항산화 물질이 풍부한 과일 또는 야채를 갈아 주스로 마실 경우 안티에이징, 미백, 다이어트 등의 효과를 볼 수 있다.

안티에이징과 여드름 완화에 효과적인 과일과 야채의 가장 큰 장점은 항산화제 역할을 하여 활성산소의 발생을 억제하고 노화를 막아준다는 점이다. 피부는 자외선에 노출되거나, 자연 노화되면 활성산소가 발생한다. 활성산소는 세포와 DNA를 파괴해 주름과 색소, 탄력 저하 등의 피부 트러블을 가져온다. 이때 항산화 효과가 있는 채소나 과일을 섭취하면 피부와 건강상의 문제를 예방하거나 늦출 수 있다.

과일과 야채에 다량 함유된 비타민C는 피부를 화사하게 만들어주며, 비타민A는 여드름 완화에 효과적이다. 이러한 기능이 응집되어 있는 천연항산화제로는 크랜베리, 블루베리, 블랙베리가 대표적이고, 콩과 피칸, 호두 등의 견과류 또한 피부미용에 탁월하다. 이 외에도 토마토와 시금치에 들어있는 항산화 물질 베타카로틴은 활성산소를 제거해준다.

과일주스에 대한 오해가 있다. 일각에서는 과일주스의 칼로리가 높아 비만을 유발하며, 당뇨병을 야기한다고 한다. 이는 시중에서 판매하는 과일주스가 각종 첨가물로 소비자의 입맛을 속인 가짜 과일주스이거나, 소비자가 권장량보다 지나치게 과음용한 경우에 해당된다. 그렇기에 과일주스 구매 시 성분을 꼼꼼히 따져봐야 하며, 직접 짜서 먹는 주스 역시 재료 선정 시 주의가 필요하다.

베일러의과대학의 테레사 니클라스(Theresa A. Nicklas) 박사팀은 이런 연구결과를 발표했다.

"제대로 된 100% 과일주스를 마시는 어린이는 그렇지 않은 어린이보다 과체중이 될 가능성이 거의 없으며 전체적으로 균형 잡힌 영양상태를 보인다."

또한, 미국의학저널에는 이런 연구 결과가 게재되었다.

"일주일에 3잔 이상 포도주스나 사과주스를 마신 사람은 그렇지 않은 사람에 비해 알츠하이머병에 걸릴 위험이 76% 정도 낮다."

잘못 마신 주스 한 잔이 몸을 망치기도 하고, 잘 마신 주스 한 잔이 피부와 건강을 아름답게 만든다. 그래서 주스를 마실 때는 자신에게 필요한 재료와 올바른 방법으로 만든 주스를 마시는 게 중요하다. '추천 주스 3가지'와 '건강한 주스 음용법 5가지'를 소개한다.

추천 주스 3가지

❶ **맑고 건강한 피부 연출, 토마토블루베리 주스**

토마토에는 항산화 물질인 라이코펜이 풍부한데, 이 물질은 활성산소를 배출하고 피부 세포가 젊게 유지되도록 돕는다. 블루베리는 〈타임〉지가 선정한 10대 슈퍼푸드. 폴리페놀과 안토시아닌 성분이 풍부해 노화를 방지해준다. 껍질에 풍부한 안토시아닌 성분은 피로 회복 효과도 제공한다.

❷ **여드름 퇴치와 깨끗한 피부를 원한다면, 시금치 케일주스**

시금치와 케일에 들어 있는 베타카로틴은 활성산소를 제거해 탄력 있고 건강한 피부로 가꿔준다. 채소의 왕이라 불리는 시금치에는 기미와 여드름 치료에 탁월한 비오틴이 있다. 케일은 오렌지의 두 배에 해당하는 비타민C 함유량을 자랑한다.

❸ **피부 미백과 탄력 증진, 녹차**

녹차의 쌉싸름한 맛을 책임지는 카테킨이라는 타닌 성분은 체지방 분해를 촉진하고, 지친 피부를 진정시키며 피부 미백 및 탄력 증진에 도움을 줘 노화를 방지한다. 녹차에 든 비타민 C는 레몬의 5~8배나 많아 기미와 주근깨 관리에 좋다. 항산화 작용으로 피부 노화를 억제하는 비타민 E도 풍부하며, 피부 진정과 재생 작용을 돕는 플라보노이드 성분까지 갖춰 여드름 예방 및 진정에도 효과적이다.

건강한 주스 음용법 5가지

❶ 술뿐만 아니라 주스 역시 과음하지 않는다.

과일을 주스로 마시면 훨씬 많은 양을 손쉽게 먹을 수 있는 장점도 있지만, 반대로 너무 많이 먹게 되어 칼로리·당분 과다 섭취의 위험이 있다. 특히 당뇨 환자와 같이 혈당을 제한해야 하는 사람들은 과일주스를 마실 때 주의해야 한다. 과일을 주스로 마시면 생과일을 먹을 때보다 혈당 수치가 더 빠르게 높아지기 때문이다.

❷ 만든 뒤 짧은 시간에 마시는 것이 중요하다.

과일과 채소는 공기에 노출되는 순간부터 영양소가 파괴되기 때문에 짧은 시간에 갈아 마셔야 영양소 파괴를 줄일 수 있다.

❸ 신선한 유기농 제철 과일을 선택하라.

유기농 과일은 껍질까지 갈아 먹을 수 있는데다 비타민 성분도 훨씬 풍부하다. 제철 과일 역시 가격이 쌀 뿐 아니라, 영양이 뛰어나고 섬유질도 풍부하다.

❹ 주스를 저을 때는 플라스틱이나 나무 재질의 막대를 사용하라.

주스의 산성에 의해 금속이 부식·변성될 수 있으며, 금속보다 플라스틱이나 나무 재질이 주스의 영양소 파괴를 줄인다.

❺ 시중에서 판매하는 주스 음료를 선택할 때는 반드시 성분표를 확인하라.

시중에서 주스 구매 시 보존료·착향료·인공색소·당류 함량 등을 확인하고 사는 게 좋다. 물론 다른 첨가물이 함유되지 않은 순수한 100% 오렌지주스도 있겠으나, '100% 오렌지주스'라는 표현이 다른 과일은 쓰지 않고 오렌지즙만을 썼다는 표현으로 사용될 수도 있기 때문이다.

4. 화장품에 대한
오해와 진실

"맑고 건강한 피부를 가지려면 자신에게 꼭 맞는 화장품만을 취사선택하는 지혜와 자외선차단제를 효율적으로 사용하는 습관이 필요해요. 그리고 레이저 수술후에는 각별한 에프터 케어가 중요합니다."

네 번째 피부멘토 프로젝트 '화장품'편에서 내가 한말이다. 태평양제약 본사에서 열린 이번 클래스는 아모레퍼시픽 신홍주 매니어와 함께 진행되었다. 신홍주 매니저는 유아기 때 자외선에 노출되면 성인이 된 후 피부에 영향을 미치므로 아이에게도 자외선차단제가 필요하다는 것을 강조했다. 이날 클래스에는 화장품 다이어트 하는 법, 자외선차단제 효과적으로 바르는 법, 레이저 시술 후 화장품 선택법에 대한 정보가 전달이 되었다. 참가한 여성분들은 중요한 사실을 모르고 있었다면서, 매번 탄성을 자아냈다.

국내 여성의 평균 화장품 사용 개수는 8가지로 필요 이상으로 많은 화장품을 사용하고 있다. 필요 이상의 화장품 사용은 오히려 염증을 유발할 수 있으니 지양해야한다. 스킨, 로션, 에센스, 세럼, 크림 등은 점성과 탄성만 다를 뿐 모두 같은 제품이므로 자신에게 맞는 한 가지만을 선택하여 사용하는 것이 좋다. 나는 이렇게 강조했다.

"시중에 유통되고 있는 기초화장품만 해도 수십 가지가 넘어요. 하지만 이 모든 것이 다 피부에 이로운 것은 아니에요. 화장품 성분을 꼼꼼히 체크하여 내 피부의 니즈에 맞고 외부 자극으로부터 피부를 보호해주는 제품을 취사선택하는 지혜가 필요해요. 지나치게 많은 화장품에 의지하고 있다면, 맑고 투명한 피부를 위해 화장품부터 줄이는 노력이 필요해요."

다음은 일상생활에 가장 중요한 화장품으로 자외선차단제에 대해 강의를 이어갔다. 피부에 가장 강력한 노화인자가 바로 자외선이며, 이로 인한 광노화는 주름은 물론 기미와 잡티 등의 원인이 된다. 자외선 차단제의 적절한 1회 사용량은 0.8g으로 500원짜리 동전 크기에 해당하는 정도이나, 한 번에 바르기에는 꽤 많은 양이라 실제로 이를 실천하는 사람은 적다. 나는 모자 또는 선글라스를 자외선차단제와 함께 활용하는 법을 추천했다.

"자외선차단제는 햇빛에 노출되기 30분 전, 귀와 목, 눈가, 손등까지 꼼꼼히 두드려 바르는 것이 좋아요. 그리고 한 번에 두껍게 바르기보다는 2시간마다 덧바르는 것이 더 효과적이죠. 피부 건강을 지키는 데에 자외선차단제는 필수이지만, 자외선차단제에 포함된 화학성분은 피부트러블을 일으킬 확률도 있어서, 짧은 시간의 외출이나 실내 활동의 경우 자외선차단제를 바르지 않고 피부를 쉬게 해주는 것도 중요해요."

마지막으로 레이저 시술 후 예민한 피부를 위한 애프터케어에 대해 이야기했다. 피부 관리를 위해 받는 레이저 시술은 레이저로 피부에 어느 정도 상처를 가해 새로운 피부 세포가 돋아나는 원리로 이루어져 있다. 회복 기간에 따라 따끔거림 같은 통증부터 가려움, 피부 건조, 부종, 화끈거림이 동반될 수 있다. 이 때문에 자외선 차단제와 재생 화장품을 사용해 피부 재생에 집중해야 한다. 시술 후 피부는 매우 예민하고 연약한 상태가 된다. 달라진 피부 상태에 맞게 자극이 적고, 피부 재생을 돕는 화장품을 사용한 맞춤 관리가 필요하다. 그래야 시술 효과가 높아지고 일상 복귀도 빨라질 수 있다.

피부 상태를 감추기 위해 메이크업을 하는 것은 피부 자극이 되어 오히려 시술 효과를 떨어뜨릴 수 있으므로 피해야 한다. 레이저 시술 후 피부를 관리하는 효과적인 화장품으로 재생크림과 자외선

차단제이다. 나는 이렇게 강조했다.

"재생크림은 피부 재생 효과를 돕고, 홍반과 통증을 완화시킵니다. 자외선 차단제는 염증 후 과색소 침착이 되는 것을 막아주죠. 피부과 시술 후에는 피부가 예민해지는 만큼 화장품도 의사와의 상담을 통해 안전한 메디컬 브랜드 제품을 사용하는 것이 필요합니다."

이번 클래스를 통해 여성분들에게 꼭 필요한 정보와 손쉽게 실천할 수 있는 방법이 전달되었다. 그 어느 때보다 분위기가 뜨거운 열기로 가득했다. 강의 마지막 순서에는 '화장품과 자외선차단제의 오해와 진실 5가지'를 정리해주었다.

화장품과 자외선차단제의 오해와 진실 5가지

❶ 화장품은 많이 사용할수록 좋다?

NO! 과유불급이라는 말은 화장품 사용에도 적용된다. 내 피부에 맞고 외부 자극으로부터 보호해 주는 제품 하나로 충분하다.

❷ 비싼 화장품이 좋은 화장품이다?

NO! 독일의 신뢰도 높은 소비자 잡지 〈외코 테스트〉의 발표결과에 따르면, 비싼 화장품이라고 해서 꼭 좋은 화장품인 것은 아니었다. 역시나 내 피부에 맞는 화장품을 찾으려는 노력이 중요하다.

❸ 자외선차단제는 자외선 차단 수치가 높을수록 좋다?

NO! 'SPF'의 지수가 높고 '+'가 많을수록 효과가 좋다고 생각하기 쉽지만, 자외선 차단제에 포함된 화학성분으로 피부트러블이 생길 가능성도 높다. 그러므로 일상용으로는 SPF 15정도, 강한 햇빛에 나서거나 장시간 외부활동을 할때는 SPF 30정도로 하면 좋다.

❹ 자외선차단제는 바르는 즉시 효과가 있다?

NO! 자외선차단제는 피부흡수 시간을 고려해서 햇볕에 노출되기 30분 전에 발라주는 것이 좋다. 그리고 메이크업을 할 시에는, 자외선차단제를 바르고 15분 정도 후에 메이크업하는 것이 자외선차단제의 효과를 높이는 방법이다.

❺ 자외선차단제는 100%하고 다녀야 한다?

NO! 자외선은 노화, 피부암, 색소의 원인이지만, 어느 정도는 몸에 필요하다. 자외선은 뼈를 만드는 데 중요한 비타민D를 합성한다. 또한, 자외선차단제에 포함된 화학성분이 피부 트러블을 일으킬 가능성도 있다. 그러므로 짧은 시간 동안의 외출이나 실내 활동의 경우 자외선차단제를 바르지 않고 피부를 쉬게 해주는 것도 중요하다.

5. S라인을 살려주는 필라테스

"오늘은 건강과 피부에 좋은 필라테스를 소개하는 자리를 마련했어요. 필라테스는 여성의 몸 라인을 아름답게 살려주는 것은 물론 스트레스 관리에도 탁월합니다."

다섯 번째 피부멘토 프로젝트 '필라테스'편에서 내가 한말이다. 이 클래스는 더센터오브필라테스 논현점에서 열렸는데 박홍미, 안태연 강사님이 전문가로 참여했다. 운동은 좋은 식품이나 스킨케어만큼이나 피부에 중요하다. 칼로리 소모와 지방 연소를 도와 비만을 예방할 뿐 아니라, 탄력 있고 날씬한 몸매와 건강한 피부톤을 찾도록 돕기 때문이다.

많은 이들이 효과적인 운동법을 몰라 쉽게 포기하는 경우가 많다. 그래서 운동은 '작심삼일'의 대명사가 되곤 한다. 호기롭게 시작했던 운동을 며칠 만에 포기하게 되는 데는 본인의 의지가 부족한 탓도 있지만, 효과적인 운동법에 대한 이해가 없기 때문이 아닐까? 그 결과 직장인 10명 가운데 7명은 문화체육관광부가 정한 일주일 권고 운동량(유산소 운동 30분 이상 5차례, 무산소 운동 20분 이상 3차례)에 미치지 못하는 '운동부족' 상태인 것으로 나타났다. 특히나 최근의 조사 결과에 따르면 직장인 10명 중 8명이 질환을 앓고 있는데 그 원인이 운동부족(50.9%)로 나타났다.

이런 현실에서 여성분들이 쉽게 접근할 수 있는 운동이 필라테스이다. 필라테스는 모델 미란다 커, 장윤주, 배우 전혜빈 등 국내외 유명 연예인 뷰티 비법으로 각광받고 있는 운동이기도 하다. 이날 클래스에서 친절히 동작 시연을 해준 박홍미 강사는 말했다.

"필라테스는 근육의 크기를 키우지 않고 약한 부분을 강화하는 운동입니다. 특히 복부와 엉덩이에 해당하는 '파워하우스'를 발달시키므로 꾸준히 실천하면 자세 교정과 유연성 강화를 비롯해 탄탄한 복근을 만들 수 있어요."

함께 클래스를 진행한 안태연 강사는 말했다.

"필라테스는 동작마다 호흡을 통해 순폐 기능을 높이고 긴장과 스트레스 완화에도 도움을 줍니다. 동작을 정확하게 따라하는 것이 중요해요"

 필라테스 특징은 반복된 운동과 연속 동작을 통해 근육을 운동시키며 통증없이 근육을 강화할 수 있다는 점이다. 그 효과로 몸의 파워하우스 강화로 자세 교정과 뚜렷한 근력 강화로 유연성을 향상시키며 몸의 긴장을 풀어주고 이를 통해 상해를 방지하고 재활에도 좋다.
 박홍미·안태연 대표 강사는 생활속에서 실천 가능한 복근 강화 동작 3가지를 알려주었다. 골반 릴리스 운동, 복부 강화운동, 몸통 강화운동이다. 이는 간단해 보이는 동작이지만 운동 강도가 강해서 복근 만들기뿐 아니라 전체적인 몸매 교정과 근력 향상의 효과를 기대할 수 있다. 모든 운동과 마찬가지로 이 동작 역시 정확한 자세와 동작이 중요했다. 특히 호흡을 조절하며 집중해서 해야했다.

 이날 클래스에 대한 참석자들의 반응이 좋았다. 삼삼오오 모여서 행사장을 찾은 젊은 여성들은 "정말 필요한 내용만 딱 짚어주는 강의"였다며 강 원장에게 감사함을 전했다. 의사가 말하는 운동의 좋은 점에 대해 들으니 더욱 신뢰가 가고, 실제 필라테스를 체험해봄으로써 운동의 필요성을 실감했다고 평했다. 한 참석자는 이렇게 너무나 호의적인 피드백을 주었기에, 나에게 피부멘토 프로젝트에 대한 자신감을 붇돋워주었다.

"책상에 오래 앉아서 일하는 직업이다 보니 운동의 필요성은 느끼면서도, 쉽게 시작을 못하고 있었어요. 그런데 오늘 강의를 듣고 나니 어떻게 운동을 해야 할지에 대해 알 수 있었어요. 피부멘토 프로젝트 다음 편도 꼭 들으러 오고 싶어요."

6. 심리 안정을 돕는 컬러테라피

"유전자, 질병, 음식, 화장품 등 피부 상태를 좌우하는 10가지 요인 중에는 스트레스도 들어가요. 스트레스는 호르몬의 변화를 가져와 피부 상태를 나쁘게 만들고, 또 표정을 찌푸리게 해 주름을 만드는 주범이죠. 컬러테라피는 대체의학이기는 해도 심리적으로 안정을 주는 효과를 보조적으로 활용하면 피부 건강이나 다이어트에 도움이 됩니다."

여섯 번째 피부멘토 프로젝트 '컬러테라피'편에서 내가 한 말이다. 스파더엘 본점에서 진행된 이 클래스에는 스파더엘 이미나 대표가 전문가로 참여했다. 이미나 대표는 대한민국 1호 컬러힐링테라피스트로 연예인 전담 뷰티마스터로도 유명하다. 서울 장신대 자연치

유대학원 컬러테라피 교수이자 알롱제엠 웰니스학교 교수로 재직 중이다.

컬러테라피란 컬러와 테라피의 합성어로 색의 에너지와 성질을 통해 정서적인 안정을 얻는 방법이다. 컬러는 단순히 눈으로 보는 것이 아니라 시신경을 통해 대뇌에 전달되고 이를 통해 심리적, 신체적인 반응으로 이어지는 것이다. 요즘, 피부와 몸매관리를 원하는 많은 이들이 피부과와 같은 현대의학과 함께 에스테틱이나 스파와 같은 관리실 사이에서 고민하고 있다. 특히나 컬러테라피는 관리실의 주목할 만한 치료 기법이다. 이제는 현대의학도 효과적인 대체의학을 받아들이고 서로의 장점을 취사선택하는 지혜가 필요한 시대가 되었다.

이번 클래스에서 제안하는 컬러테라피는 심신의 균형을 되찾는 데 초점이 맞춰져 있었다. 색채를 통해 정신, 감정, 신체 각 영역 중 어느 부분의 균형이 무너져 있는지를 알아내고 색채를 이용해 밸런스를 유지하는 것이다. 이러한 컬러테라피를 미술치료의 범주에만 국한시키기 쉽지만, 컬러테라피는 그림을 그리거나 전문적인 상담사와 마주앉지 않더라도 옷이나 인테리어, 메이크업 등 일상생활 속에서 늘 접하는 색채를 통해 쉽게 실천할 수 있다.

나는 색의 힘을 활용한 예를 주변에서 손쉽게 볼 수 있다고 설명했다. 패스트푸드와 음식점의 광고나 간판을 빨간색으로 쓰는 것이 대표적인 예다. 슬라이드로 식욕을 돋우는 빨간색 사진을 보여주면서 말했다.

"빨간색은 감각신경을 자극하여 혈액순환을 촉진하고 침이 생기도록 도와주는 역할을 해요. 빨간색 배경의 음식을 보면 먹음직스럽다는 생각이 먼저 드는 거죠."

그 다음, 식욕억제 사진을 보여주었다. 참가자들은 다들 놀라움을 금치 못했다. 파란색의 떡볶이와 김밥, 치킨, 라면 등 색 하나만 바꿨을 뿐인데 사진을 보는 순간 식욕이 싹 사라졌다. 나는 이렇게 설명을 해주었다.

"동일한 사진 같지 않죠? 파란색은 부교감신경을 자극해 사람을 차분하게 가라앉히는 효과가 있어요. 이성적으로 사고하게 하고, 사람을 절제시키죠. 그래서 다이어트할 때 활용하면 효과를 볼 수 있어요."

내 뒤를 이어 컬러테라피스트 이미나 대표가 나섰다. 이 대표는 컬러 다이어트의 구체적인 방법으로 식사 환경을 바꿀 것을 제안했다.

"파란색을 적극적으로 활용해 보세요. 접시나 밥공기를 파란색으로 바꾸거나, 테이블보를 파란색으로 바꾸는 거죠. 일본 사람들이 날씬한 건 소식을 하는 것도 있지만, 파란색이 들어간 그릇을 이용하기 때문이기도 해요. 식욕을 억제해 주니까 당연히 먹는 양도 줄어드는 거죠."

이와 더불어 신경을 활성화시키고, 식욕을 돋워주는 빨간색과 주황색은 꼭 피할 것을 권했다. 이 대표는 생활 속에서 컬러테라피를 활용하는 것이 어렵지 않다고 했다. 그러면서 각 색이 지닌 성격만 이해하면 누구나 손쉽게 컬러테라피를 통해 셀프힐링을 할 수 있다고 말했다. 이미나 대표는 마음 상태에 따라 활용할 수 있는 컬러테라피를 이렇게 소개했다.

"마음이 산만하고 답답할 때는 붉은색을 피하고 푸른색 계열을 가까이 하는 곳이 좋습니다. 반대로 우울한 기분이 계속될 때는 빨강이나 주황색 계열을 통해 활력을 유도하거나, 자연과 가까운 초록과 연두로 안정감을 취하는 것이 도움이 되죠. 또한, 스스로 자존감이 낮다고 생각할 때는 자아를 밝혀주는 노랑을, 삶이 지루하고 의미 없이 느껴질 때는 보라색 컬러로 주변을 꾸미면 스스로가 특별한 존재라고 느낄 수 있을 거예요."

이번 클래스는 컬러라는 흥미로운 주제인 만큼 참가자들의 질문이 이어졌다.

"자신에게 맞거나 필요한 색이 따로 있을까요?"

"필요한 색이 변하기도 하나요?"

이미나 대표는 기계를 활용한 컬러 진단을 받는 방법도 있지만, 주의를 잘 기울이면 알 수 있는 방법이 있다고 설명했다.

"요즘 자꾸 눈에 들어오는 색이 있다면 그게 지금 몸이 원하는 색이에요. 그 색으로 된 물건을 지니고 다니거나 자주 보면 색 에너지가 채워지죠. 몸 상태에 따라 필요한 색이 달라지니 주의를 기울여 보세요."

이미나 대표는 일상에서 참고할 수 있는 '컬러 파워 가이드'를 소개해주었다.

컬러 파워 가이드

• 빨간색

중추신경 중 교감신경을 자극해 에너지를 강하게 발산시킨다. 때문에 무기력증에 빠져 있거나 강한 에너지를 원할 때 필요한 색이다. 음식을 맛있어 보이게 하는 효과도 크다.

• 주황색

동기 부여 및 원하는 성과를 이뤄내는 에너지를 불러일으켜 침울하고 우울한 사람에게 좋다. 갈등을 이완시키고 온화함을 더해 인간관계에 어려움이 있는 사람에게도 필요하다.

• 노란색

정신력을 강화시켜주고, 기억력과 지적 학습을 개발하는 데 실질적인 도움을 준다. 새로운 것과 자기 성취를 추구하고자 하는 사람들에게 필요한 컬러이다.

- 초록색

생명의 색으로 가장 편안한 느낌을 주면서 마음을 진정시킨다. 심신의 균형, 휴식을 원할 때 도움을 준다.

- 파란색

부교감신경을 자극시켜 사람을 차분하게 가라앉힌다. 이성적 사고로 절제를 시켜주는 효과가 있다.

- 보라색

몸과 마음의 조화를 원할 때 끌리는 컬러. 지치고 위로가 필요할 때 활용하면 평정심과 마음의 안정을 찾아준다.

7. 다이어트에 효과적인 핫요가

"다이어트하고 싶으면 식욕을 참지마세요."

일곱 번째 피부멘토 프로젝트 '핫요가' 편에서 내가 한 말이다. 이 클래스는 14일 동안 강남본점에서 임민희 강사와 함께 진행되었다. 임민희 강사는 한양대학교 무용학과를 졸업한 뒤 여러 유명 센터에서 무용과 요가를 지도해온 전문 지도자다. '14일 동안 핫요가'를 비롯해 요가와 필라테스 지도자 자격을 갖추고 있다.

이날 참석한 분들은 날씬한 몸매를 위해 다이어트에 관심이 많은 여성분들이었다. 그런데 폭탄선언에 가까운 내 발언에 다들 눈이 휘둥그레졌다. 다이어트의 기본 상식에 위배되는 말이기 때문이다. 나는 미소를 지으며 그 이유를 설명했다.

"식욕을 참으며 스트레스 호르몬 코르티솔이 증가해 오히려 체지방이 증가합니다. 성공적인 다이어트를 하려면 바른 식습관을 유지하여 식욕을 참는 스트레스를 받지 말아야 해요."

그제야 다들 이해가 된 듯 고개를 끄덕였다.

'나는 많이 먹지도 않는데 왜 살이 찔까?' 하다가 '어머 내가 이렇게 많이 먹었나?' 하고 놀라는 분들이 많다. 의식하지 않고 습관적으로 먹기 때문에 먹은 것을 기록한 내용을 보고 나서야 깨닫게 된다. 약물로 손쉽게 살 빼기를 바라는 분도 많지만, 약물요법은 식사요법이나 운동을 대신할 수 없다. 약물요법은 질병이 있을 때 적용하는 개념으로 이해해야 한다.

따라서 체중 감량을 위해 우선 일지에 식사와 운동, 생활습관을 기록하고 체크하는 것이 중요하다. 이를 통해 한순간의 습관이 아니라 평생 지속하는 습관을 만들어야한다. 습관 중에서 제일 중요한 것이 운동이다. 운동은 아무리 강조해도 지나치지 않는다. 운동을 통해 칼로리가 소모되어 비만 예방이 되고, 혈액순환이 되어 혈색이 좋아지고 또 피부가 탄력 있게 된다.

내 강의를 이어서 임민희 강사의 핫요가 설명이 이어졌다. 다른 요가도 아니고 왜 핫요가를 해야 할까? 그 이유는 고온에서 운동하며 흘리는 땀을 통해 몸속 독소와 노폐물이 함께 배출되기 때문이다.

이를 통해 피부 탄력이 좋아지고, 노화 방지 효과가 탁월하다. 임민희 강사는 핫요가의 다이어트 효과를 강조했다.

"요가는 상하좌우의 균형과 어깨, 골반 등의 체형 교정으로 신체의 밸런스를 맞춰 다이어트에도 효과가 높아요. 특히 고온에서 진행하는 핫요가는 뭉친 근육을 효과적으로 풀어주고 유연성을 키우기에 좋죠. 심박수가 늘어나고 심폐기능이 향상돼 체지방 분해가 원활해져 다이어트에 효과적이에요."

그러면서 혈액순환이 잘 되지 않아 생긴 하체 부종이나 군살을 제거할 수 있다고 말했다. 특히, 호흡을 의식해서 하면 뱃살이 빠진다고 했다. 설명이 끝난 후, 핫요가 따라하기 시간이 되었다. 참가자들은 흥미로운 표정으로 한 동작 한 동작을 잘 따라했다. 이날 클래스 참석자들에게 전해준 '피부 건강이 좋아지는 다이어트 10계명'은 다음과 같다.

피부 건강이 좋아지는 다이어트 10십계명

❶ 식욕을 참아 먹는 것으로 스트레스 받지 말기
❷ 1200~1500*kcal*를 규칙적으로 세끼로 나누기
❸ 식사 간격은 4~5시간을 넘지 않게 하기
❹ 단백질은 풍부하게 먹기
❺ 채소 반찬은 밥 양보다 많이 먹기
❻ 부피가 크지만 칼로리가 적고 에너지 밀도가 낮은 음식 먹기

❼ 간식은 100kcal 정도만 먹기
❽ 감정이나 맛을 떠나 배가 고플 때 먹기
❾ 정해진 장소에서만 먹기
❿ 천천히 먹고, 물을 자주 마시기

8. 클렌징의 제1원칙은 과유불급

"과도한 세안을 할 경우 피부 장벽이 손상돼요. 피부에 꼭 필요한 각질이나 피지, 수분을 지나치게 제거하는 거죠. 이럴 경우 피지 분비가 오히려 늘어나거나 미세 먼지와 자극에 취약한 피부가 돼서 피부 트러블이 더 심해질 수 있어요. 세안을 하는 가장 좋은 방법은 자극을 줄이고 꼼꼼히 씻는 것입니다."

여덟 번째 피부멘토 프로젝트 '클렌징'편에서 내가 한 말이다. 이 클래스는 설레임피부과에서 단독으로 진행되었다. 피부관리에서 중요한 것이 클렌징이다. 이에 따라 고현정의 '솜털 세안법', 수지의 '424 세안법', 신민아의 '거즈 세안법' 등 다양한 세안비법이 생겨났다. 하지만 이를 무작정 따라하기보다는 자신의 피부 상태에 맞는 세안법을 택해야 피부 트러블을 예방하고 아름다운 피부를 유지할 수 있다.

특히, 여름은 무더운 날씨 때문에 증가하는 피지와 끈적끈적한 땀, 화장으로 인한 답답함에 과도한 클렌징을 하게 되는데 이는 잘못이다. 나는 "클렌징의 제1원칙은 바로 과유불급(過猶不及)이다"라고 클렌징 다이어트를 강조하고 있다. 따라서 깨끗한 피부를 위해서 한다는 이중 세안의 경우도 진한 풀메이크업이나 워터프루프가 아니라면 클렌징폼으로 충분하다. 그리고 여드름이 심하다면 하루 2~3회 세안이면 충분하며, 강한 세정제보다 트러블 전용 세정제나 염증을 억제하는 성분이 들어 있는 스킨 등을 사용하는 것이 좋다. 나는 연령별 세안에 대해 이렇게 제안했다.

"20대 후반부터 30대 초반까지는 피지를 조절하는 세안, 30대 이후로는 피부건조와 자극을 줄이는 세안이 중요해요. 목적과 자신의 피부 상태에 맞게 세안하는 것이 바로 동안 피부를 위한 지름길이라는 것을 잊지 마세요."

세안 습관만큼 세정제를 제대로 고르는 것이 중요하다. 시중에는 다양한 효능을 강조한 세정제부터 천연성분을 함유한 피부 저자극 콘셉트의 세정제, 다양한 제형까지 수많은 세정제가 출시되어 있지만 모두가 좋은 것은 아니다. 화장품에 들어 있는 화학성분 중에는 오래 노출될 경우 암을 유발하는 것은 물론 비염, 천식, 아토피를 유발하는 것도 있어 주의가 필요하다. 나는 이렇게 참석자들에게 말했다.

"가급적 화학성분 수가 적게 들어간 것과 꼭 피해야할 성분이 포함되지 않은 것을 골라야 해요. 미국 독성학 보고서에 의하면 계면활성제 중 소듐라우릴설페이트(SLS)나 소듐라우레스설페이트(SLES) 성분은 심장이나 간, 폐, 뇌에도 영향을 줄 수 있다고 해요. 이런 성분이 들어 있는 제품은 꼭 피하는 것이 좋아요."

1시간 동안 진행된 클래스는 클렌징의 소소한 습관이 얼마나 피부에 큰 영향을 끼치는지 알 수 있는 시간이었다. 참가자들은 자신들의 경험을 솔직하게 털어놓았다. 한 참가자는 이렇게 말했고,

"피지가 많아서 클렌징을 정말 꼼꼼하게 해요. 한 20~30분? 그래야 얼굴이 개운한 느낌이 들거든요."

또 한 참가자는 이렇게 말했다.

"아토피가 있는 친구랑 여드름 피부인 저는 어성초 비누로 효과를 봤어요. 그래서 주변에 권했는데 별 효과가 없대서 민망했어요."

이날 클래스 막바지에, 나는 사람들이 흔히 클레징에 대해 오해하고 있는 것과 그 진실에 대해서 정리해주었다.

클렌징의 오해와 진실 10

❶ 화장을 한 날은 반드시 이중세안을 해야 한다?

NO! 클렌징 오일·크림으로 메이크업을 먼저 지우고 클렌징폼으로 세안하는 이중 세안은 오일이나 크림의 기름 성분이 모공을 막아 피부트러블을 악화시킬 수 있다. 이는 지성피부나 여드름성 피부에 더욱 안 좋다.

❷ 클렌징은 정성껏 오래 해야 한다?

NO! 클렌징을 오래 문지를 경우 더러운 때가 피부에 다시 흡수되거나 1차 세안제에 들어있는 유분기가 피부트러블을 유발할 수 있다. 그러므로 마사지 효과를 기대하거나 TV시청, 전화통화 등과 병행하느라 클렌징을 오래 문지르는 습관은 지양하는 것이 좋다. 클렌징은 최대한 가볍고 빠르게 끝내야 한다.

❸ 여드름 피부는 세안을 자주 해야 한다?

NO! 지나친 세안은 여드름을 악화시킨다. 하루 2~3회 정도의 세안이 적당하고 염증 억제 성분 스킨이나 트러블 전용 제품 사용이 필요하다.

❹ 보습성분이 들어간 세안제로 충분한 보습이 가능하다?

NO! 세안제는 기본적으로 피부 유분을 감소시켜 피부를 건조하게 만든다. 세안제만으로 충분한 보습을 기대한다면 욕심이다. 세안 후 보습제를 발라주는 것이 좋다.

❺ 뽀드득 느낌이 들 때까지 세안해야 한다?

NO! 뽀드득 느낌이 든다는 것은 최소한의 유분과 수분까지도 씻겨 나간 건조하고 예민한 상태를 의미한다. 세안제의 거품이 충분하지 않은 상태로 얼굴에 문지르면 마찰로 인해 피부에 무리가 간다. 손에 힘을 주는 것도 피해야 한다. 손으로 미리 거품을 충분히 낸 다음 가볍게 얼굴에 문질러 피부 마찰을 줄이는 것이 중요하다.

❻ 강력한 세안이 필요할 때는 비누가 좋다?

NO! 정상 피부의 pH는 4~6.5(약산성)이다. 피부의 약산성은 세균이나 곰팡이 감염을 억제하는 효과가 있어 천연 보호막 역할을 한다. 비누의 pH는 9~10(강알칼리성)으로 사용한 후 30분~2시간 이내에 pH가 회복되지만, 민감한 피부의 경우 일시적인 pH의 변화도 피부에 자극이 될 수 있다. 비누 등의 알칼리성 세안제보다는 피부장벽에 손상이 덜 가는 약산성 클렌저를 사용해야 한다.

❼ 세안은 차가운 물로 해야 한다?

NO! 피부 탄력과 모공 확장을 방지하기 위해 차가운 물로 세수하는 경우가 많은데, 차가운 물은 세정력이 부족하고 뜨거운 물은 피부에 자극을 준다. 피부 온도와 비슷한 미지근한 물로 세안하는 것이 가장 좋다.

❽ 스크럽 알갱이가 들어간 세안제가 좋다?

NO! 스크럽 세안제는 마찰과 압력을 이용해서 각질 제거를 하므로 각질 제거가 균일하게 되지 않는다. 그래서 사용 후 피부가 더 지저분하게 느껴지기도 한다. 염증성 여드름이나 붉은기가 많은 민감한 피부는 사용을 피해야 한다.

❾ 아침에는 물로만 세수해도 된다?

NO! 건성이나 중성 피부의 경우에는 물로만 세안해도 충분하다. 피지분비가 왕성한 지성피부나 여드름성 피부라면 폼클렌징을 사용해 가볍게 제거한다.

❿ 향이 들어간 세안제가 좋다?

NO! 인공향이든 천연향이든 자극을 줄 수 있어 향이 없는 세안제가 좋다.

9. 똑똑한 샴푸 사용법

"시중에서 판매하는 대부분의 샴푸에서 유해성분이 발견되었어요. 이에 샴푸 시에는 자극적인 샴푸 제품은 피하고 너무 뜨거운 물이나 찬물 보다는 미지근한 물로 가볍게 마사지 하듯이 5분 정도 충분히 헹궈주는 것이 좋습니다."

아홉 번째 피부멘토 프로젝트 '샴푸'편에서 내가 한 말이다. 이 클래스는 관련 전문가인 내가 설레임피부과에서 단독으로 진행했다. 사람들은 건강하고 아름다운 머릿결을 위해 다양한 종류의 샴푸를 아무렇지 않게 사용하고 있다. 그러면서 정작 샴푸의 성분이 두피에 해롭고 또 건강에도 좋지 않으며 탈모를 유발한다는 사실을 간과하고 있다.

미국 독성학 연구에 따르면 계면활성제의 성분은 피부를 통해 쉽게 흡수되는데 심장, 간, 폐, 그리고 뇌에 일정 수준을 유지하면서 체내에 5일 정도 머문다고 한다. 또한, 계면활성제가 인체에 축적되었을 경우 습진, 아토피 피부염 등의 증상을 악화시킬 수 있으며 체내 유전자 변형을 일으킬 수 있다고 한다. 이러한 현상이 반복되면 암이나 만성적인 질병으로 이어질 수 있다고 밝혔다.

국내 시중에 유통되고 있는 샴푸는 어떨까? 2013년 기준, 그 샴푸의 28%가량에 신경독성 위험이 있는 물질이 포함돼 있다고 한다. 국회 보건복지위원회 소속 새누리당 신경림 의원은 식품의약품안전처에 대한 국정감사에서 말했다.

"지난해(2013년) 기준 총 1천 606개의 샴푸 가운데 28%인 445개 샴푸가 결합되면 독성 작용을 하는 '징크피리치온'과 'EDTA' 성분을 포함하고 있다."

징크피리치온은 비듬방지 효과가 있는 성분으로, 신경독성이 있으나 용해도가 0.0015%로 매우 낮아 샴푸 성분 중 1% 범위에서 사용이 허용되고 있다. 그러나 샴푸 제조사들이 샴푸의 외형과 사용감을 개선하기 위해 첨가하는 EDTA(금속이온봉집제)와 이 징크피리치온이 결합하면 '피리치온 이온'이 발생해 용해도가 최대 53%까지 높아진다.

용해도가 이와 비슷한 성분인 '소듐피리치온'은 샴푸 배합 금지 성분으로 지정된 데 반해 징크피리치온과 EDTA의 배합 성분에 대해서는 별다른 기준이 없어 방치되고 있다. 피리치온 이온은 장기간 사용 시 신경독성물질로 인한 사지마비 등이 나타날 수 있다.

다소 심각한 어투로 샴푸의 유해 성분에 대한 이야기가 이어졌다. 그러자, 참석자들이 놀라는 표정을 지었다. 샴푸가 모발 관리에 좋은 줄로만 알았는데 속았다, 설마 샴푸 유행성분이 그 정도일 줄은 몰랐다는 반응이 나왔다. 그러다가 한 참석자가 질문을 했다.

"저는 가격이 비싼 한방 샴푸를 쓰고 있는데 이 샴푸는 걱정을 안 해도 되겠죠?"

즉각 대답을 해주었다.

"아니요, 그렇지 않습니다. 시중의 마트에서 판매하는 샴푸의 성분표를 살펴본 결과, 비교적 비싼 가격에 판매되는 한방샴푸를 비롯하여 대부분의 제품이 비슷합니다. 유해성분인 소듐라우레스설페이트, 소듐라우릴설페이트, 디메치콘, 메칠파라벤 등이 함유된 것을 확인할 수 있어요."

"그러면 어떤 샴푸를 써야합니까?"

참석자의 질문에, 이렇게 권해드렸다.

"가급적 전문가가 만든 약산성의 식물성 천연 샴푸를 사용하세요. 이 제품이 좋은 성분을 함유하고 있습니다."

유해성분 없는 샴푸를 사용하는 것 못지않게 중요한 것이 올바른 샴푸 사용법이다. 잦은 샴푸는 모발손상의 원인이 된다. 자신의 모발과 두피에 맞는 샴푸 횟수를 정하는 것이 좋다. 건성모발은 이틀에 한 번의 샴푸를 권장하며, 일반모발은 일주일에 3~4회 샴푸하는 것이 좋다. 그리고 지성모발이거나 피지가 많은 두피 또는 먼지가 많은 환경에 노출되었을 경우에 한해 매일이나 하루에 2회 샴푸하는 것을 권한다.

샴푸 시에는 자극적인 샴푸 제품은 피하고 너무 뜨거운 물이나 찬물보다는 미지근한 물로 가볍게 마사지 하듯이 충분히 헹궈 주는 것이 중요하다. 그리고 온종일 쌓여있던 노폐물 등을 제거해 주기 위해 아침보다는 저녁에 샴푸하는 것을 권한다. 머리를 감은 뒤에는 수건으로 가볍게 두드리면서 확실하게 말리는 것 역시 중요하다.

그리고 샴푸 전 50~100회 정도 브러싱을 해주면 모발이 엉키지 않아 더 깨끗이 샴푸할 수 있고 머릿결도 좋아진다. 브러싱은 끝머리의 엉킨 부분부터 시작하는 것이 좋다. 그러나 너무 자극이 심하거나 잦은 브러싱은 두피에 상처를 줘서 오히려 탈모를 유발할 수 있으니 주의가 필요하다. 그러므로 브러싱을 할 때는 억지로 세게 당기지 않도록 주의하고 가늘고 힘이 없거나 건조하고 곱슬기가 있는 모발은 큐티클 손상에 주의해야 한다.

브러싱을 할 때는 컨디셔너 등을 활용하여 마찰을 줄이고 빗이나 브러쉬는 머리카 락과 마찰이 적어 머리카락 끊어짐을 줄여주는 것을 선택하는 것이 좋다. 빗살 간격이 넓고 끝은 둥글며 테플론 코팅된 빗과 브러쉬가 이에 해당한다.

추가적으로 머리를 말릴 때 주의해야할 것을 짚어주었다. 뜨거운 열기를 가하는 헤어드라이어, 아이언, 롤러의 사용 역시 모발의 수분을 증발시켜 모발을 약하게 하고 탈모의 원인으로 작용할 수 있다. 그러므로 모발을 손상시키는 아이언과 롤러의 사용을 자제하고 헤어드라이어를 사용할 때는 고온보다는 저온으로 20cm의 거리를 유지하는 것이 좋다.

클래스의 막바지에는 올바른 헤어, 두피 관리에 대한 질의응답을 진행했다.

Q 두피를 빗 등으로 두드리는 것이 정말로 탈모에 효과가 있나요?

A 빗으로 머리를 두드리면 혈액순환이 잘 돼 탈모를 예방·개선할 수 있다고 하는데, 이는 과학적인 근거가 없는 이야기입니다. 혈액순환이 잘 되는 것이 탈모 예방에 도움을 줄 수는 있지만, 빗으로 머리를 자주 두드리는 것은 모낭보호를 위해 두피가 두껍고 딱딱해지는 현상을 초래하며 상처가 생길 경우 염증을 초래할 수 있습니다. 혈액순환을 위한 두피

자극은 손끝으로 부드럽게 마사지하는 정도가 좋습니다.

Q 검은 색깔의 식품이 탈모에 효과적이라는데 사실인가요?

A 검은 색깔의 식품 중 검은콩이나 깨 속에 있는 식물성 단백질, 비타민, 폴리페놀과 같은 항산화물질이 탈모예방에 도움을 주는 것은 사실입니다. 하지만 식품으로 섭취 시 상당히 많은 양을 섭취해야만 미비한 효과를 볼 수 있는 정도입니다.

Q 비만하면 탈모 위험성이 높다는 말이 맞나요?

A 비만과 탈모는 무관합니다. 비만보다는 무리한 다이어트가 탈모의 원인이 되곤 합니다. 원푸드, 절식 등의 무리한 다이어트는 모발성장에 필요한 단백질, 비타민 공급차단으로 탈모를 유발합니다.

Q 머리를 자주 감으면 탈모가 발생하나요?

A 머리를 감을 때 빠지는 머리카락들은 수명이 다해 정상적으로 빠지는 것입니다. 그러므로 머리를 감는 횟수와 탈모는 무관합니다. 평균 하루에 50~100개의 머리카락이 빠지며 다시 새로운 모발이 자랍니다. 다만 앞서 설명했듯이 두피에 지나치게 자극을 주는 샴푸 사용이나 샴푸법 등은 피하는 것이 좋습니다.

Q 유독 가을철에 머리가 많이 빠져요. 왜 그런 거죠?

A 실제 1년 중 탈모 고민으로 병원을 찾는 비중이 가장 많은 계절이 가을철입니다. 가을철에 머리카락이 많이 빠지는 이유는 더운 여름이 지나고 선선한 가을이 되면서 탈모를 유발할 수 있는 남성호르몬의 분비가 늘어나기 때문입니다. 또한, 여름철 강력한 자외선과 높은 온도로 두피 건강이 악화된 데다 모발이 자라지 않는 휴지기가 맞물려 가을에 집중적으로 모발이 빠지게 됩니다.

가을철 머리카락이 많이 빠지는 것은 대부분 자연스러운 현상으로 모두가 걱정할 필요는 없지만, 잘못된 두피·모발 관리는 탈모로 이어질 수 있으니 가을철에는 특히 두피·모발 관리에 관심을 기울여야 합니다.

Q 환절기 두피·헤어 관리법을 알려주세요.

A 찬바람 부는 환절기 탈모로부터 소중한 머리카락을 지키는 방법을 알려드리겠습니다. 첫 번째는 올바른 식습관을 갖는 것입니다. 남성호르몬 분비를 촉진시키는 당분과 포화지방이 많은 음식은 자제하고 모발을 건강하게 해주는 성분인 아연, 철분, 라이신 등의 필수 아미노산, 단백질과 비타민이 많은 음식을 드시는 것이 좋습니다. 두 번째는 앞서 자세히 설명한 올바른 샴푸 습관입니다. 세 번째로는 자외선 노출을

피하고 스트레스를 받지 않으며 금연, 금주, 충분한 휴식을 취하는 것이 필요합니다.

10. 세월을 거스르는 셀프 동안 마사지

"나이 들어 생긴 팔자주름이나 입가 주름 많이 신경 쓰이시죠?"

열 번째 피부멘토 프로젝트 '동안 마사지'편에서 내가 한 말이다. 이 클래스는 태와선에서 배은정 대표원장과 함께 진행되었다. 배 원장은 태와선 에스테틱을 운영하고 있는데 방송에서 '5분성형 테라피'로 큰 화제를 불러 일으켰다. 소녀시대의 티파니, 태연, 제시카, 서현, 카라의 구하라, 포미닛의 전지윤, 이효리, 김희선 등 유명 연예인들의 페이스메이커로 유명하다.

이날 참석자들은 내 말을 하나도 놓치지 않으려는 듯이 열정적으로 청강했다. 다들 나이가 듦에 따라 얼굴이 노화되는 게 걱정이기에 이를 방지하는 방법을 알고 싶었다. 나는 계속 강의를 이어갔다.

"피부와 근육층 사이에 있는 근막은 중력에 취약해서 나이 들수록 피부가 처지는 데 큰 역할을 해요. 뼈나 근막에서 시작해서 피부까지 연부조직을 지탱해주는 단단한 유지인대라는 것이 있어요. 나이가 들면서 중력에 의해 연부조직이 처지는데 유지인대가 있는 부위는 그 이상 내려가지 못하죠. 팔자주름과 입가 주름은 그렇게 근육이 접혀서 생기는 주름이에요."

세월의 힘에 의해 어쩔 수 없이 맞이해야하는 게 바로 팔자주름과 입가 주름이다. 그렇다면 두 손 놓고 이것을 그냥 방치할 수밖에 없을까? 그렇지 않다. 얼굴의 피로를 풀고, 피부의 탄력을 높이는 것이 주름 개선에 도움이 된다.

얼굴 안에는 수십 개의 잔 근육이 있다. 근육에 피로가 쌓이면 몸의 라인이 달라지는 것처럼 얼굴 근육에 쌓인 피로는 얼굴선을 일시적으로 무너뜨린다. 이럴 때 충분한 휴식을 취하거나 마사지로 근육 피로를 해소하면 탄력이 생길 수 있다. 부종과 주름이 줄고 얼굴 라인이 살아난다. 푹 자고 나면 피부가 좋아 보이는 이유는 밤사이 얼굴 근육이 쉬었기 때문이다.

결국, 눈에 띄는 굵은 주름은 나쁜 습관에 의한 결과로 볼 수 있다. 이마 주름이나, 미간 주름, 눈가 주름 등은 오랫동안 지속적으로 수축해 생긴다. 이렇게 굵은 주름이 있다면 자신도 모르게 주름 만드는 습관을 갖고 있는 셈이다. 얼굴을 찡그리거나 한쪽으로만 씹거나, 딱딱한 음식을 먹는 습관은 좋지 않으니 습관을 점검해봐야 한다. 이 뿐만 아니라 스마트폰이나 책, 문서를 읽을 때, 앉을 때, 잘 때의 자세도 굵은 주름에 영향을 미치므로 생활속 자세를 바르게 유지해야 한다.

내 강의 막바지에는 마사지 효과와 그 올바른 방법 그리고 안티에이징으로서의 웃기의 효과를 알려주었다.

"마사지는 혈행을 촉진시키고 긴장된 근육을 풀어주며 피부에 탄력을 주는 방법 중의 하나예요. 마사지를 할 때는 깨끗하게 세안한 후 간단한 보습단계를 거쳐 마사지크림 등을 바른 다음에 해야 피부에 자극을 주지 않아요. 크림 등을 바르지 않고 건조한 얼굴에 무리해서 마사지를 하면 오히려 없던 주름이 생길 수도 있거든요. 손의 힘은 최소화해서 가볍게 천천히 눌러야 충분히 효과를 볼 수 있다. 일상에서 가장 손쉽게 할 수 있는 안티에이징 방법으로 웃는 걸 권해드려요. 웃으면 처진 근육이 올라가고 혈행도 좋아지거든요."

내 뒤를 이어 배은정 원장의 말이 이어졌다. 근육이 지나치게 굳거나 풀리면 신경과 림프의 흐름을 막게 된다고 했다. 그 과정에서 근육이 다시 긴장되고, 노폐물이 제대로 배출되지 않아 근육 연관 부위의 변형이 오는 악순환이 반복된다는 것이다. 흔히 마사지를 할 때

문제 부위의 겉 근육만 하는데, 제대로 효과를 보려면 연결된 근육의 시작점을 찾아 틀어진 균형을 맞춰주는 것이 중요하다고 했다. 층층이 겹쳐 있는 겉 근육 안의 속 근육과 관절, 인대, 림프와 같은 심부조직까지 균형을 맞춰야 한다고 말했다.

이와 함께 배원장은 참석자들이 관심을 갖고 있는 동안 만들기로 셀프 마사지를 제안했다.

"혈행을 촉진시키고 근육의 피로를 풀어 피부 탄력을 높이는 셀프 마사지만으로도 충분히 동안이 될 수 있습니다."

이윽고 참가자중 희망자 신청을 받아 마사지 시연을 이어갔다. 참석자들은 뜨거운 관심으로 배 원장의 동작과 설명 하나하나를 주목했다. 몇 분이 지났을까? 시연 후 마사지한 얼굴 반쪽의 변화는 정말 놀라웠다. 흥미로운 시연이 끝날 즈음, 배 원장은 마사지 후 관리 팁을 알려주었다.

"마사지 후에 깨끗이 씻은 귤껍질 우린 물로 만든 미스트를 얼굴에 뿌려주면 축소나 리프팅 효과를 더 많이 볼 수 있어요.

11. 트러블 없이 예뻐지는 메이크업

"보기에 어떠세요? 피지와 메이크업이 뒤엉켜 있는 모습이."

열한 번째 피부멘토 프로젝트 '메이크업'편에서 내가 운을 떼었다. 내가 가리키는 모니터에는 사진 하나가 나왔다. 그것을 본 참가자들의 눈이 동그래졌다. 예쁘게 화장한 얼굴이라도 자세히 피부를 들여다보면 그 사진과 별반 다르지 않다는 것에 놀란 눈치다. 나는 참석자들을 바라보면서 말을 이어갔다.

"짙은 메이크업일수록 노폐물들이 모공을 틀어막아 피부 트러블을 일으킬 수 있어요. 여기에 사용한 화장품 상태까지 좋지 않다면 아무리 비싼 좋은 브랜드 제품을 사용한다고 해도 피부 트러블은 당연한 결과예요."

나는 건강한 피부를 위해 화장품을 올바로 사용해야함을 강조했다. 이번 클래스는 설레임피부과에서 수빈아카데미 김현아 메이크업 전임강사와 함께 진행되었다. 김현아 강사는 New York MUD(Make-Up Designory)수료 후, MAC 코리아 아티스트와 방송국 메이크업 담당을 거친 메이크업 전문가다.

맑고 투명한 피부를 원한다면 메이크업 시 화장품 다이어트를 해야 한다. 무심코 피부에 좋고, 또 예뻐 보인다고 짙게 메이크업을 하는 것은 피부 건강에 해롭기 때문이다. 이와 함께 반드시 깨끗이 손을 씻은 후 화장을 하는 게 좋고, 화장품 사용 후에는 뚜껑을 잘 닫아야한다. 그래야 화장품 오염과 변질을 방지할 수 있다.

무엇보다 피부 건강을 위한 메이크업을 하려면 화장품 사용기간을 지키고, 도구 세척을 하는 게 중요하다. 간과하기 쉬운 것이 바로 화장품 사용기한을 지키는 일이다. 일단 개봉하면 아까운 마음에 다 쓸 때까지 두고두고 사용하기 쉽지만, 이는 곧 피부 트러블로 이어진다. 나는 이렇게 강조했다.

"개봉 후 공기와 접촉하면 급속도로 화학 반응이 진행돼요. 습기나 온도 등도 화장품 변질에 영향을 끼치죠. 변질된 화장품을 쓰면 화장품 속 세균이 피부로 옮게 되고, 피부는 방어막의 일종인 '염증'을 만들어요. 결국 모공이 막혀 노폐물이 배출되지 못하면서 뾰루지가 생기죠. 때문에 개봉 후 최대한 빨리 사용하되, 사용기한을 지키는 것이 중요해요."

에센스나 세럼 등의 기능성 화장품은 고농축 성분이라 쉽게 변질되므로 개봉 후 8개월 이내에 사용해야 한다. 스킨이나 로션, 크림, 메이크업베이스, 파운데이션 등은 개봉 후 1년 이내에 사용하는 게 좋다. 립글로스나 마스카라는 피부에 직접 닿은 뒤 다시 용기에 들어가면 세균 번식이 더욱 용이하므로 6개월만 사용하고 버려야 한다. 나는 몇몇 화장품의 도구 사용을 강조해주었다.

"영양크림, 왁스, 스크럽제, 핸드크림 등의 화장품을 사용할 때 손으로 찍어 바르는 경우가 많은데, 이는 손을 통해서 세균과 이물질 등이 들어가 화장품의 변질을 우려할 수 있어요. 그러므로 화장품을 뜨는 미니 스푼, 퍼프, 브러시, 화장솜 등을 이용하는 것이 좋습니다."

메이크업 도구를 청결하게 관리하는 것도 중요하다. 일주일에 한 번 정도 정기적으로 미지근한 물에 중성세제를 사용해 세탁한 뒤 완전히 건조시켜 사용해야 한다. 특히 수분이 많은 파운데이션을 바르는 스펀지나 에어퍼프는 화장품이 도구 깊숙이 스며들어 세균이 가장 잘 번식하는 요주의 아이템이다. 이에 대해 수빈아카데미 메이크업 전임강사 김현아 메이크업아티스트는 이렇게 말했다.

"스펀지의 경우 완벽한 세척이 어려운 만큼 적당 기간 사용하고 버리는 것이 좋아요. 스펀지가 아깝게 여겨진다면 사용한 부분을 가

위로 잘라 버리고 깨끗한 부분을 사용하면 돼요. 에어퍼프는 구조가 촘촘해 메이크업할 때 참 유용하죠. 하지만 빨아도 안쪽에 찌꺼기가 많이 남아 관리가 어려워요. 중성세제를 넣은 지퍼백에 넣어 회오리 방향으로 밀면서 한두 번 정도만 빨아 쓰고, 교체하는 게 좋아요."

 이날, 김현아 메이크업아티스트는 트렌디한 리얼메이크업 레시피를 알려주어, 참석자들로부터 많은 호응을 얻었다.

 설레임피부과에 얼굴 피부 문제로 찾아오는 분들 중 상당수는 잘못된 메이크업이 원인인 경우가 많다. 과도하게 짙은 색조 메이크업으로 인해 화장품 잔여물과 피부 노폐물이 뒤엉켜서 모공을 틀어막아 피부트러블이 생긴 경우, 유통기한을 지났거나 잘못 보관된 화장품이 변질하여 생긴 세균으로 인해 뾰루지가 생긴 경우, 메이크업 도구의 오염으로 인한 각종 피부 트러블이 생긴 경우다. 따라서 이는 일상에서 올바른 화장품 사용법을 습관화하기만 하면 충분히 예방할 수 있다.

12. 탈모 예방을 위한 헤어스타일링

"하루에 50~100개의 머리카락이 빠지는 정도라면 걱정 없어요. 수명이 다해서 빠지는 자연스러운 현상으로 새로운 모발이 다시 자라나거든요. 하지만 모발이 가늘어지거나 잘 끊어진다면 주의 깊게 살펴야 해요. 두피가 딱딱해지고 끈적이면서 피지가 부쩍 늘어나는 경우도 마찬가지죠. 이럴 때는 피부과 전문 두피 클리닉에서 정확한 진단을 받고 두피케어와 시술을 받는 것이 중요해요."

열두 번째 피부멘토 프로젝트 '헤어'편에서 내가 한 말이다. 이 클래스는 청담동의 작은차이 뷰티샵에서 최정원 원장과 함께 진행이 되었다. 작은차이 뷰티샵은 일반 헤어스타일링뿐만 아니라 차별화된 두피케어와 탈모케어를 실시하고 있다. 이제는 탈모가 남성 전유물이 아니다. 갈수록 여성에게 탈모가 크게 증가하고 있는 탓에 참석한 여성분들이 지대한 관심을 보였다. 보험심사평가원에서 제공하는 자료에 따르면 2015년부터 2019년까지 5년 사이 탈모치료를 위해 내원한 환자 중 약 44.1%는 여성 환자로 나타났다.

여성탈모의 신체적 원인은 임신, 스트레스, 수술, 호르몬 변화 등으로 다양하다. 그리고 다이어트를 위해 무리하게 음식물 섭취를 줄이는 경우에도 영양결핍으로 인해 탈모가 발생할 수 있다. 이는 최근 20~30대 여성탈모환자가 급격히 증가한 이유이기도 하다.

탈모의 환경적인 원인도 무시하지 못한다. 특히, 봄철의 미세먼지와 황사는 두피에 악영향을 미친다. 황사 때의 대기 중 세균 농도는 약 7배, 곰팡이 농도는 약 2배 정도 증가하는데, 이로 인해 두피에 박테리아가 서식하는 환경이 조성되고 미세먼지가 모공에 쌓이면서 두피 트러블을 일으킬 확률이 높아진다. 이로 인해 두피 속 영양 및 산소 공급이 제대로 이뤄지지 않아 모발이 가늘어지고 탈모가 발생할 수 있다.

이와 더불어 가장 놓치기 쉬운 것이 바로 피부 노화의 주범인 자외선이다. 자외선 A는 두피 깊숙이 들어가 모근을 약하게 만들고, 자외선 B는 머리카락을 지탱해주는 단백질을 파괴한다. 모발의 단백질 합성에 손실을 가져와 모발이 쉽게 부서지고 망가지기 쉬운 상태로 만들거나, 모발의 탈색을 부르기도 한다. 내가 자외선이 모발에 나쁜 영향을 미친다는 이야기를 전하자, 참석자들 사이에서 탄성이 나왔다. 그러곤 몇몇 분이 자신의 생각을 밝혔다.

"이제까지 얼굴에만 자외선차단제를 발라왔는데 그게 아니었네요."
"번거롭더라도 양산을 해야겠네요. 모발 건강을 위해서요."

여성탈모는 이마, 헤어라인은 그대로 유지되면서 정수리 부위부터 모발 손상이 진행되면서 시작된다. 가르마가 넓어지고 휑한 느낌이 들면서, 머리카락이 유난히 많이 빠지면서 가늘어지며 숱이 줄어든 느낌이 든다면 여성탈모가 의심되는 상황이다. 그러다 보니 스스로 알아차리기보다 주변에서 정수리가 휑하다는 말을 듣고 나서가 인지하는 경우가 많다.

그런데 이러한 여성탈모는 남성과는 달리 수면, 영양상태, 피로, 스트레스 등의 생활습관과 관련된 경우가 많은데, 이를 바꿔 말하면, 평소 생활습관과 자기 관리로 예방과 개선이 가능하다는 것이다. 탈모를 예방하고 탄력 있는 모발을 만들려면 어떤 생활습관을 길러야 할까?

우선, 야외 활동 후 귀가 시 반드시 두피를 깨끗이 씻어야한다. 이때 두피 상태에 맞는 전용 샴푸를 사용하는 것이 좋다. 샴푸는 자극이 적은 게 좋으며, 아침보다는 온종일 쌓인 노폐물 제거를 위해 저녁에 하는 게 바람직하다. 머리를 감은 뒤에는 확실하게 찬바람으로 말리는 것이 중요하다.

　이와 함께 자외선의 악영향을 막으려면, 두피나 머리카락에 전용 자외선차단제를 바르거나 양산이나 모자 등으로 자외선을 차단하는 것이 좋다. 식단 관리도 중요하다. 남성호르몬 분비를 촉진시키는 당분과 포화지방이 많은 음식은 자제해야한다. 그 대신 모발을 건강하게 해주는 성분인 아연, 철분, 라이신 등의 필수 아미노산, 단백질과 비타민이 많은 음식을 먹는 것이 좋다.

　이날, 작은차이 뷰티샵 최정원 원장은 탈모예방과 두피 건강을 위한 헤어스타일링에 대해 다양한 솔루션을 알려주었다. 이 과정에서 잘못된 두 가지 습관을 피하라고 권했다. 하나는 무리한 브러시 사용이다. 이는 두피를 자극하여 모낭보호를 위해 두피가 두껍고 딱딱해지는 현상을 초래하며, 또한 상처가 생길 경우 염증을 초래할 수 있기 때문이다. 다른 하나는 잦은 헤어 시술이다. 펌이나 염색에 사용되는 약품들은 대부분 알칼리성으로 두피에 자극을 줄 수 있으므로 피하는 것이 좋다. 이와 더불어 두피 스케일링을 강조해주었다.

　"두피관리에서 가장 중요한 첫 단계는 두피 깊숙한 곳의 각질, 피지, 노폐물을 제거하는 스케일링 단계어요. 두피스케일링은 샴푸로 제거하기 힘든 두피 속 깊은 각질, 산화 피지, 노폐물 등 각종 유해요소를 제거하는 관리법으로 건조하고 탄력이 부족한 모발을 개선해줘요."

생활습관 개선과 자기관리로도 탈모가 개선되지 않는다면, 자가 치료나 민간요법에 의지하기보다 피부과의 전문 두피클리닉에서 두피케어와 시술을 받는 것이 좋다. 설레임피부과를 내원한 탈모 환자 일부는 자가 치료, 민간요법에 의지하다가 치료시기를 놓친 경우여서 안타까운 적이 많다. 특히, 유전적인 남성형 탈모의 경우 시간이 지나면 증상이 악화되므로 전문 두피클리닉에서 올바른 치료를 받아야 한다.

13. 생활습관으로 관리하는 웨딩 뷰티

"결혼식을 앞둔 예비신랑·신부들은 성형외과나 피부과 등에서 권하는 고액의 수술이나 시술에 쉽게 의지하기 마련인데, 그보다 더 중요한 것이 올바른 자외선차단제 사용법과 같은 생활습관입니다. 올바른 생활습관을 바탕으로 인생의 중요한 순간순간을 함께 할 수 있는 피부주치의의 도움을 받는다면, 아름다운 4월의 신부로 거듭날 수 있을 것입니다."

열세 번째 피부멘토 프로젝트 '웨딩'편에서 내가 한 말이다. 이날 행사는 웨딩의 명소인 라마다 서울호텔에서 호텔과의 업무제휴로 진행이 되었다. 새하얀 드레스에 어울리는 맑고 투명한 피부와 군살 없는 몸매는 모든 예비신부들의 바람이다. 따라서 결혼식 당일 빛나는 신부로 거듭날 수 있도록, 피부과 주치의 내가 라마다서울호텔과 함께 나섰다.

행사는 1부 '가상예식'과 2부 '뷰티멘토링'으로 나뉘어 진행됐다. 예비 신랑·신부 70쌍과 웨딩 컨설팅 관계자, 기자들이 웨딩 만찬을 즐기며 라마다서울호텔에서의 결혼식을 직접 체험할 수 있었다. 그리고 갤러리B와 라뷰티코아에서 준비한 수입 명품 드레스쇼와 웨딩 메이크업 및 드레스의 트랜드가 소개되었다.

뒤이어, 내가 준비한 신랑·신부와 혼주를 위한 기간별 피부관리 멘토링이 이어졌다. 참석자들은 내가 하는 말 하나하나에 큰 관심을 기울였다. 예비신부는 피부관리에 대해 궁금한 게 참 많았다.

"마흔이 다된 나이에 결혼을 하려니 아무래도 신경이 쓰여요. 결혼식에서 만큼은 어려 보이고 싶은데, 방법이 있을까요?"

"고질적인 '등드름' 때문에 드레스 고르는 데 제약이 많아 스트레스를 받고 있어요. 효과적인 치료방법을 알고 싶어요."

"얼굴에 솜털과 각질이 많아 신부 화장이 뜰까봐 걱정이에요. 어떻게 관리해야 하나요?"

"결혼식 전에 눈썹 문신을 해볼까 하는데, 언제 하는 것이 좋을까요?"

대부분은 자신의 피부관리를 위해 고액의 수술이나 시술만 생각해왔다. 그런데 이날의 내 강의를 통해 일상의 습관 개선을 통해 맑고 투명한 피부와 군살 없는 몸매를 가질 수 있다는 사실을 알게 되었다. 한 참가자는 이렇게 소감을 밝혔다.

"막상 결혼준비를 하려고 하니 예식장 선택부터 신부케어까지 신경 쓸 것이 많아 걱정이었어요. 특히 신경이 많이 쓰이는 것이 뷰티케어인데, 무작정 성형외과나 피부과에서 권하는 값비싼 수술이나 시술을 받는 것은 비용이나 시간 면에서 부담이 되었어요. 그런데 이 행사를 통해 예비신부의 마음을 잘 아는 각 분야의 전문가들에게 효율적인 결혼준비법을 들을 수 있어서 유익했습니다."

행사 이후에는 추첨을 통해 기능성 코스메슈티컬 브랜드인 설레임코스메틱이 준비한 '블루밍셀 듀얼이펙트 마스크'를 포함한 화장품 세트, 특급호텔 숙박권 및 식사권, 뮤지컬 공연 티켓 등의 선물이 제공되었다. 또한, 현장에 설치된 설레임피부과의 피부진단 부스에서는 무료 피부진단을 통한 개인별 피부관리법을 전해주었다. 나는 웨딩 뷰티멘토링 막바지에 이렇게 강조했다.

"설레임피부과의 웨딩프로그램은 시술 위주의 제안에서 벗어나 생활 속에서 실천하고 지속 유지 가능한 홈케어 비법을 전하고 있어요. 웨딩 준비기간 뿐만 아니라 신혼여행 이후와 임신과 출산에 이르기까지 평생주치의 개념으로 시기별 관리법을 갖추고 있습니다."

이날, 참석자들에게 큰 호응을 얻었던 'D-100일 웨딩뷰티 비법'을 소개한다. 이는 결혼을 앞둔 예비신부가 100동안 생활습관 관리를 중심으로 적절한 피부과 시술을 통해 웨딩뷰티를 완성할 수 있는 방법을 알려주고 있다.

D-100일 웨딩뷰티 비법

• D-Day 100 콤플렉스 해결, 기본 습관 개선

콤플렉스 해결 및 기본 습관 개선이 우선이다. 긴 치료 기간이 필요한 피부관리부터 시작해야 한다. 여드름흉터를 포함한 각종 흉터 제거, 기미와 같은 색소제거, 팔다리, 헤어라인 제모 등이 포함된다. 필링 등을 통한 등, 가슴, 얼굴 여드름 관리에 신경 쓰고, 하루에 2리터 정도의 충분한 물을 마시는 것이 좋으며, 식습관 조절과 운동을 통해 체중 및 라인관리에 돌입해야 한다.

이와 더불어, 눈썹이나 입술 및 반영구 문신이 필요한 부위는 예식을 바로 앞두고 받기보다 이 시기에 여유 있게 시술받는 것이 좋다. 아름다운 피부와 외모에 못지않은 것이 자연스럽고 밝은 표정이다. 하객과 카메라가 있으면 긴장하기 마련인데, 차후에 예식사진을 보고 후회하는 경우가 많다. 외모 가꾸기와 함께 틈틈이 환하고 예쁘게 웃는 연습이 필요하다.

• D-Day 50 웨딩촬영을 위한 준비

웨딩촬영을 위한 준비 기간이다. 본격적으로 얼굴 라인과 이목구비 관리에 돌입한다. 특히 신부들이 신경을 많이 쓰게 되는 V라인, 이마와 눈가 표정 주름, 근육이 발달한 턱, 팔자주름, 미간 주름 등에 레이저나 보톡스, 필러와 같은 시술을 고려할 수 있다. 동시에 보습 또는 미백 위주로 관리 및 시술한다.

그리고 새로운 제품을 사용할 시, 충분한 시간을 남겨두고 테스트를 통한 트러블 여부를 검증해야 하므로, 적어도 이 시기에는 결혼식까지 사용할 화장품을 결정하고 속눈썹 연장, 매니큐어, 페디큐어 테스트를 통해 결혼식 당일 자신에게 가장 알맞은 스타일을 찾는다.

- D-Day 30 점검 및 보완

결혼식이 한 달 남짓 다가오면, 전체적인 점검과 보완이 요구된다. 헤어 염색 및 파마가 필요하다면 이 시기에 하고 피부과 시술을 위한 마지막 선택을 한다. 잦은 모임과 행사로 인한 피부트러블 관리, 각질 제거 및 붓기 해소 등에 관심을 갖는 것도 필요하다.

- D-Day 7 그동안 관리해온 피부 유지

예식을 일주일을 남겨놓고는 그동안 관리해온 피부 유지에 신경 써야 한다. 속눈썹 연장, 매니큐어, 페디큐어, 무리한 시술 및 관리를 피하고 스트레스로 인한 트러블 예방에 주의한다. 만약 트러블이 발생했다면 스스로 해결하기보다 주치의의 상담을 받도록 한다. 결혼식을 앞두고 여드름이 났을 때, 조급한 마음에 섣불리 손대는 경우가 많은데, 이는 여드름이 덧나는 주요 원인이 된다. 여드름은 절대 혼자서 해결하지 말고 주치의를 통해 관리받아야 한다.

- D-Day 1 충분한 휴식과 숙면

충분한 휴식과 숙면이 필요하며, 평소에 하지 않던 진한 메이크업이나 마사지 등을 금하고 트러블 예방을 위해 평소 사용하던 제품을 계속 사용하는 것이 좋다. 특히, 예식 전날 친정엄마와 밤새 이야기를 나누거나 울다가 예식 당일 초췌해진 얼굴로 예식에 참여하는 경우도 있는데, 가족과는 일주일 전에 함께 여행을 다녀온다든가 하는 별도의 시간을 마련하는 것이 좋다. 그리고 예식 전날에는 충분한 수면을 취하도록 한다.

14. 여성 골퍼를 위한 골프 뷰티

"고객들을 상담하다보니, 골프 라운딩 후 피부상태가 악화되어 설레임피부과를 찾는 여성 골퍼들이 부쩍 늘어 이에 맞는 맞춤형 피부케어 프로그램을 기획했습니다. 아무쪼록 이 프로그램이 여성 골퍼들에게 피부관리에 유용한 시간이 되길 바랍니다."

열네 번째 피부멘토 프로젝트 '골프(골프& 뷰티 프로그램)'편에서 내가 한 말이다. 골프와 뷰티가 만나는 프로그램은 국내 최초이다. 4~5시간 야외 운동이 필수인 골프를 즐기다 보면 기미 주근깨, 검버섯 같은 색소 침착은 물론이고 피부 톤도 칙칙하게 변하기 일쑤다. 시즌 중에 골프를 맘껏 즐기며 피부까지 제대로 관리하기란 쉽지 않다. 이는 설레임피부과를 찾는 프로골퍼들과 아마추어 골퍼들의 공통 고민사항이었다. 그래서 나는 골프와 뷰티의 만남을 생각해냈다.

'여성 골퍼들이라면 모두 피부 고민을 하고 있을 거야. 그렇다면 여성 골퍼를 위한 골프와 뷰티 연계 프로그램을 만들면 어떨까?'

당연히 세계 최연소 LPGA 클래스A 자격증을 취득한 김민주 프로와도 고민이 맞아 떨어졌다. 이후, 이 계획에 골프 용품 기업 볼빅, 양평TPC골프클럽, 아난티클럽 서울, 여성조선이 합류했다.

한번 라운딩을 나가면 평균 4~5시간 햇볕에 노출되는 골퍼들에게 피부건강은 항상 우려되는 부분이다. 특히 자외선이 피부 노화의 주범이라는 사실이 알려지면서 골프를 취미로 하는 여성들 사이에서는 효과적인 자외선 차단에 대한 정보와 피부관리가 항상 중요한 이슈였다. 하지만 현장에서의 관심도와 필요성에 비해 그간 골프와 뷰티가 연계된 프로그램은 찾아보기가 어려웠다.

이때, 나는 여러 기업의 협조 속에서 국내 최초로 '골프& 뷰티 프로그램'을 진행하였다. 이 프로그램은 많은 분들로부터 호응을 받아 3회까지 이어졌다. 1회 '골프 & 뷰티 프로그램'은 메이필드호텔 PAR3 골프장에서, 2회 '골프 & 뷰티 프로그램'은 라미드그룹 양평 TPC 골프클럽에서, 3회 '골프& 뷰티 프로그램'은 아난티클럽서울에서 진행되었다.

여기에는 김민주, 김민호 프로가 참여하여 골프레슨을 지도해주었다. 그리고 내가 라운딩을 위한 올바른 피부케어 노하우 골퍼를 위한 화장품, 라운딩 뷰티습관, 라운딩후 뷰티케어에 대한 강연을 했다. 또한, 현장에 설치된 설레임피부과의 피부진단 부스에서는 무료 피부진단을 통한 개인별 피부관리법을 전하기도 했다.

이 프로그램에 참석한 여성골퍼의 반응이 매우 좋았다. 참석자들은 이렇게 말했다.

"여성골퍼 입장에서 볼때 골프레슨과 뷰티레슨이 결합된 게 큰 시너지 효과가 나는 듯합니다. 골프레슨도 더 열심히 참가하게 될 뿐만 아니라 피부관리 팁을 알게 되어 피부 걱정을 덜게 되었어요. 이 프로그램은 여성골퍼가 원하는 것을 잘 포착하여 기획했습니다."

"얻어가는 게 많은 것 같아요. 김민주, 김민호 프로님의 골프 레슨과 강정하 원장님의 뷰티 레슨이 정말 유익했어요. 게다가 회원들과 좋은 추억을 만들 수 있는 시간이 되었어요."

이러한 뜨거운 반응에 힘입어 볼빅과 함께, '볼라레·설레임 여성아마추어골프대회'를 개최하기도 했다. 이 대회에서는 37팀 145명이 참가해 국내 여성 아마추어 최강자를 가렸다.

현재, 설레임피부과는 국내 최초 여성골퍼 전문 피부관리시스템 '3STEP 골프케어'를 운영 중이다. 이를 통해, 프로골퍼를 비롯한 라운딩 애호족들의 피부고민을 해결하는데 앞장서고 있다. '골프& 뷰티 프로그램'을 할 때마다 내가 매번 강즈했던 것은 '즐겁게 골프를 하면서 피부를 보호하는 방법'이다. 이렇게 강조했다.

"라운딩 전, 라운딩 진행중, 라운딩후에 자외선차단제와 영양크림 또는 수분크림을 적절히 발라주어야 피부손상과 노화를 막을 수 있습니다."

라운딩 전 얼굴에 충분히 자외선차단제를 바르는데도 기미가 올라와 고민이라며 병원을 찾아오는 분들이 있다. 이런 경우는 자외선차단제를 바르는 올바른 방법을 알지 못해서 생긴 것이다. 자외선차단제는 라운딩 전에 한번만 바르는 것이 아니라 라운딩 전부터 진행 중까지 2시간 간격으로 발라줘야 적정한 효과를 기대할 수 있다. 라운딩 시작 최소 30분 전에 정량의 자외선차단제를 바른 뒤 이후 2시간마다 덧바르면 된다. 자외선차단제는 한 번에 두껍게 바르는 것보다 정량을 자주 발라주는 것이 좋다.

자외선 차단제는 얼굴에만 바르지 말고 목에도 충분히 발라야한다. '동안의 적'인 목주름은 잦은 햇볕 노출이 한 요인일 수 있기 때문이다. 라운딩 전, 목에 자외선차단제를 바르고 얼굴과 함께 수시로 덧발라주는 것이 좋다. 라운딩 후에는 클렌징을 꼼꼼히 한 다음 마스크팩, 재생크림 등을 활용해 피부에 영양을 공급해주고 수분크림으로 보습을 유지해주면 좋다.